GUÍA PARA LA REPARACIÓN RÁPIDA DEL CRÉDITO - USA

SPANISH LANGUAGE GUIDE TO FAST CREDIT REPAIR IN USA

IGNACIO FITERRE

Copyright © 2019
All rights reserved.
ISBN:9781096587613
Independently published

CONTENIDO

1. PROLOGO	9
2. QUE ES EL CREDITO	15
Historia del crédito	16
El crédito en USA al principio	17
Historia de las tarjetas de crédito	20
3. LOS JUGADORES PRINCIPALES	25
Experian	25
Equifax	27
TransUnion	30
FICO	32
Lo que hay que saber	33
Dónde obtienen su Información las agencias de informes crediticios	34
Lo que está en su informe de crédito	35
Lo que no está en su informe de crédito	36
Cómo se calcula su puntuación de crédito (FiCO)	39
Rangos de puntuación de crédito	41
Puntuación de NextGen	42
Puntuación VantageScore	42
VantageScore vs FICO	43
Otras puntuaciones de crédito	44

4. ELEMENTOS DE AYUDA 45

Qué es el "Fair Credit Reporting Act" 45
"Consumer Report"- Informe del Consumidor 46
Lo que regula el FCRA 46
Usuarios del informe del consumidor o Consumer Report 47
Verificación de antecedentes de empleo 47
Proveedores de información 48
Agencias de informe del consumidor (CRA) 49
Agencias especializadas de informes a nivel nacional 50

5. LO QUE DEBEN HACER LAS AGENCIAS DE REPARACION DE CREDITO 53

Lo que realmente pasa con las disputas 53
Su crédito ha sido subcontratado 54
Explicación del e-Oscar 54
Códigos del e-Oscar 55
Distribución estadística de las razones de disputas 57
¿Qué es la recalificación rápida (Rapid Rescoring)? 58

6. BANCARROTA 63

Cómo declarar bancarrota 64
Bancarrota bajo el Capítulo 7 65
Bancarrota bajo el Capítulo 13 65
Lo que se puede descartar en una bancarrota 66
Lo que NO se puede descartar en una bancarrota 67
Cómo afectará su crédito una bancarrota 67
Por cuánto tiempo afecta su crédito una bancarrota 68
No consolide sus deudas 69

7. ATACANDO AL ENEMIGO 71

Consíganse sus espías (Seguimiento del Crédito) 71
Jamás utilice este sitio web 71
Qué es seguimiento del crédito 71
Seguimiento a TransUnion y Equifax 72
Por qué utilizar CreditKarma 72
Cuál es el truco 72
Seguimiento a Experian 73

8. LOS ESPIAS PUEDEN SER TRAIDORES 75

Términos de servicio de arbitraje forzoso de TransUnion 76
Términos de servicio de arbitraje forzoso de Equifax 77
Términos de servicio de arbitraje forzoso de Experian 79
Exclsión de arnitraje forzoso (Opt Out) 84
Documento de identificación 85
Carta de optar por exclusión (Opt Out) 87
Firme ante un Notario 90
Direcciones a dónde enviar las cartas de exclusión 90
Haga seguimiento de sus cartas 90

9. LECTURA DE SUS INFORMES 91

CreditKarma 91
Desglose del informe 92
Ejemplos de cuentas 93
Ejemplo 1 de cuenta específica 95
Ejemplo 2 de cuenta específica 97
Ejemplo 3 de cuenta específica 99
Entienda sus cuentas 100
Muestra de cuenta de cobros 1 100
Muestra de cuenta de cobros 2 101

Registros públicos 102
Muestra de registro público 104

10. RESTAURANDO SU CRÉDITO 107

Suministros necesarios para la de reparación de su crédito... 107
Reparación de crédito paso por paso 107
Paso 1º ¿Debe usted declararse en bancarrota? 108
Paso 2º Disminuya la utilización del crédito 111
a) Componentes de utilización de crédito 111
b) Cosas a hacer que para óptimmizar utilización del crédito 114
Paso 3º Agregue líneas de crédito 115
a)Adición de líneas de crédito aseguradas 123
b) ¿Qué es una línea de crédito asegurada? 123
c) Consiga una cuenta concatenada 129
Paso 4º Agregue sus facturas de servicios públicos 131
Paso 5º Añadir todas sus cuentas que estén en buen estado... 132

11. COMO ELIMINAR ELEMENTOS DE SU INFORME 137

Paso 6º Eliminación de artículos adversos que no son suyos 137
Paso 7º Eliminación de artículos adversos que son suyos 138
¿Son suyas las deudas? 138
Ejemplo 1 cuenta de cobro 139
Ejemplo 2 cuenta de cobro 139
Creando sus carpetas 140
Imprimir una copia de todas las cuentas 141
Obtener sus números de cuenta 142
Ejemplo de llamada al acreedor original 142
Ejemplo de llamada a la empresa de cobro 143

12. EL SECRETO DE LAS CUENTAS EN DISPUTA 145

Revisar-configurar carpetas …………………………….. 146
Nunca disputar en línea ……………………………….… 147
Dos métodos de disputa ………………………………..... 150
Disputando con las oficinas de crédito ………………….. 150
Acciones necesarias en disputas con las oficinas de crédito... 151
Direcciones dónde enviar las disputas …………………... 151
CARTA DE PRIMERA GENERACION ……………………... 152
Resultados posibles ……………………………………… 157
CARTA DE SEGUNDA GENERACION …………………….. 158
CARTA DE TERCERA GENERACION ……………………... 163
CARTA DE CUARTA GENERACION ………………………. 169
CARTA DE QUINTA GENERACION ……………………….. 175
CARTA DE SEXTA GENERACION ………………………... 181
Presentando su queja ……………………………………. 187
Disputa con el deudor original ………………………….. 187
Carta al deudor original ………………………………… 194

1. PROLOGO

Es muy probable que usted haya descubierto recientemente que su crédito no es el mejor. Es posible que haya sido su propia culpa, pero no necesariamente.

Usted ha hecho búsquedas a través del internet tratando de conseguir alguien que le arregle su crédito, A la vez, para usted aprender cómo funciona el sistema de crédito en los Estados Unidos, le es más conveniente instruirse en español.

Este libro es producto de muchos años de experiencia profesional tratando con el tema del crédito en los Estados Unidos y de los conocimientos obtenidos a través de los años. Quiero que con este libro evite los tropezones y pueda comprender el proceso reconociendo que una vez entendido el funcionamiento podrá hacer las gestiones satisfactoriamente aún cuando sean en inglés.

Le voy a revelar secretos que le ayudarán a subir su puntuación de crédito.

El buen crédito es esencial en Estados Unidos hoy en día, y hay una red de agencias de informes de crédito que mantienen un registro de su calificación crediticia actual y verifican su solvencia cada vez que solicita un préstamo, tarjeta de crédito o cualquier otro tipo de crédito.

Si se siente abrumado y confundido por su situación crediticia, este sistema de reparación de crédito probado le sorprenderá. Usted aprenderá exactamente qué cartas de disputa de crédito debe usar y por qué.

En estos tiempos es difícil saber a quién creer. Hay tantas personas haciendo afirmaciones ridículas, es una locura.

En un momento, le diré específicamente lo que puedo hacer por usted. Pero primero, he aquí 4 buenas razones para creer lo que digo:

PRIMERA RAZON: he estado en este negocio por mucho tiempo. Mi tipo de la experiencia es muy difícil de igualar. Muchos banqueros e incluso profesionales de la oficina de crédito no tienen el mas mínimo conocimiento de muchas de estas técnicas.

SEGUNDA RAZON: no le estoy pidiendo una gran inversión que va a hacerme a mí rico y a usted pobre.

TERCERA RAZON: odio las agencias de crédito. Rastrean todos nuestros movimientos y deberían ser ilegales. Trabajando para una de ellas aprendí todos sus pequeños secretos.

CUARTA RAZON: ¿cuántas de estas personas que venden estos libros han estado dentro del sistema crediticio?. Mi suposición es que ninguna después de leer la basura que han escrito en la mayoría de estos libros.

Le mostraré los pasos para eliminar los elementos negativos de su informe de crédito utilizando los secretos, consejos y técnicas que las empresas de reparación de crédito usan para reparar el crédito.

Debido a su falta de conocimiento de crédito, que pueden cobrar cientos de dólares por algo que usted puede, y debe, hacer usted mismo por unos pocos dólares, a veces incluso gratis.

¡ El mal crédito es un gran negocio y las empresas cosechan millones de dólares cada año aprovechándose de la falta de conocimiento de las personas sobre su crédito y puntuación FICO! ¿Cómo?... Con tasas de interés extremadamente altas, enormes pagos, cargos, cargos por mora y multas.

El hecho es: ¡ usted no necesita un abogado para eliminar sus deudas!

De hecho: usted no necesita un consejero de crédito para fijar su crédito para usted!

De hecho: ¡ no necesita llamar a ningún tipo de profesional para ayudarle en absoluto!

Nunca será negado o rechazado debido a problemas de crédito de nuevo.

Obtenga la hipoteca o el préstamo de automóvil que desea con una tarifa baja y pagos bajos: el crédito no será un problema.

Obtenga los mejores préstamos solo disponibles para la "Elite" con una excelente calificación crediticia.

Consiga calificar para préstamos de negocios en un instante.

Aclare todos sus malos problemas de crédito para siempre.

Este es el método paso a paso, fácil de seguir que los abogados del sistema y especialistas en reparación de crédito utilizan para eliminar los artículos negativos de su informe de crédito permanentemente!

Usted aprenderá los secretos que usted necesita saber con el fin de aumentar sus puntuaciones de crédito por hasta 200 puntos

Usted aprenderá pequeños cambios que puede hacer ahora mismo para llevar su crédito de buena a excelente

Descubra el verdadero secreto detrás de la retirada de artículos negativos de su crédito sin cometer fraude. Use las cartas de disputa de crédito que usan los profesionales.

La primera pregunta que me hacen todos los que quieren reparar su crédito es:

¿Debo usar un bufete de abogados para enviar cartas de disputa y reparar mi crédito?

Mi respuesta es siempre absolutamente NO. Aquí está el porqué.

Estos llamados bufetes de abogados no se preocupan por su crédito en absoluto.

Ellos quieren que les haga pagos mensuales..

¿Realmente quieren que su crédito mejore? Si mejora, ellos pierden el ingreso mensual.

Esto no tendría ningún sentido financiero en absoluto. Quieren retrasar cualquier reparación de crédito el tiempo que sea posible.

Ellos intentarán dar falsas esperanzas eliminando una o dos entradas negativas del reporte. El cliente promedio continuará pagando la cuota mensual por 6 meses.

Son maquinarias de disputas que no funcionan

Uno hace todo el trabajo y envían una carta de disputa de crédito genérica

Las agencias de crédito conocen estas empresas y reciben miles de cartas de ellos y por lo tanto prácticamente las ignoran al recibirlas. Les envían como respuesta otra carta genérica.

Las oficinas de crédito saben que los despachos de abogados sólo querían el retraso más largo posible. ¿por qué? Para que puedan ganar más dinero, por supuesto.

Es algo así como una mano lava la otra. Desafortunado pero absolutamente cierto!

Si utiliza uno de estos llamados bufetes de abogados, verá si acaso alguna respuesta de las agencias de informes de crédito. En pocos meses se habrá dado cuenta de que ha desperdiciado su tiempo y dinero.

¿Sabía usted que:

• Hay 3 oficinas nacionales de crédito

• No comparten información. Las agencias de crédito son negocios. No es en su mejor interés compartir información con los competidores (de otras oficinas). Esta es una gran ventaja para usted.

• Todas las oficinas de crédito compilan su propia puntuación para usted. Esto se denomina comúnmente su puntuación FICO.

• FICO es sinónimo de Fair Isaac Company. Esta empresa desarrolló el software que las 3 oficinas principales utilizan para calcular su puntuación de crédito.

• Cuando compra un artículo grande, como un automóvil o una casa, el Instituto financiero extraerá su crédito de las 3 oficinas y tomará su puntuación media como su puntuación FICO.

La mayoría de los bancos y grandes e institutos financieros reportan pagos atrasados, etc. con las 3 oficinas. La mayoría de las empresas más pequeñas sólo informan a uno. Esto se debe a las restricciones de costos. La mayoría de las empresas más pequeñas están bajo un contrato con una oficina en particular. Por ejemplo, si no paga una factura de teléfono, lo más probable es que solo se muestre en el informe de una oficina.

- Su puntuación FICO es una fórmula que puede ser manipulada en su beneficio si usted sabe cómo se calcula la fórmula.

2. ¿QUE ES EL CREDITO?

El crédito es dinero prestado que usted puede utilizar para comprar bienes y servicios cuando los necesita. Usted recibe crédito de un otorgador de crédito, a quien usted acepta devolver el monto que gastó, más los cargos financieros aplicables, a un tiempo acordado.

Hay cuatro tipos de crédito:

1. crédito rotativo. Con el crédito rotativo, se le otorga un límite de crédito máximo y puede realizar cargos hasta ese límite. Cada mes, usted lleva un saldo (o gira la deuda) y realiza un pago. La mayoría de las tarjetas de crédito son una forma de crédito rotativo.

2. tarjetas de cargo. Aunque a menudo se parecen a las tarjetas de crédito giratorias y se usan de la misma manera, las cuentas de cobro difieren en que debe pagar el saldo total cada mes.

3. crédito de servicio. Sus acuerdos con los proveedores de servicios son todos acuerdos de crédito. Usted recibe electricidad, servicio de telefonía celular, membresía de gimnasio, etc., con el acuerdo que pagará por ellos cada mes. No todas las cuentas de servicio se notifican en su historial de crédito.

4. crédito a plazos. Con el crédito a plazos, un acreedor le presta una cantidad específica de dinero, y usted acuerda pagar el dinero y el interés en cuotas regulares de una cantidad fija durante un período de tiempo determinado. Préstamos de automóviles e hipotecas son dos ejemplos de crédito a plazos.

HISTORIA DEL CREDITO

La idea de intercambiar bienes o servicios a cambio de una promesa de pago futuro fué desarrollado sólo después de siglos de comercio: el dinero y el crédito eran desconocidos en las primeras etapas de la historia humana. Sin embargo, ya en el año 1300 A.C., se realizaron préstamos entre los babilonios y los asirios sobre la seguridad de las hipotecas y los depósitos ó adelantos. En 1000 A.C., los babilonios ya habían ideado una forma bruta de la letra de cambio, por lo que un comerciante acreedor se podía dirigir al comerciante deudor en un lugar lejano para pagarle a un tercero con quien el primer comerciante estaba en deuda. Las ventas a plazos de bienes inmuebles fueron hechas por los egipcios en la época de los faraones.

Los comerciantes en el área mediterránea, incluyendo Fenicia, Grecia, Roma y Cartago, también utilizaron el crédito. Los vastos límites del imperio romano, al comienzo de la era cristiana, fomentaron el comercio generalizado y un uso más amplio del crédito. En el período desorganizado que marcó el declive y la caída del imperio romano, las letras de cambio de crédito o pagarés se utilizaron ampliamente para reducir los peligros y las dificultades de la transferencia de dinero a través de áreas de negociación desorganizadas.

Durante la edad media, un período que abarcó 1000 años de aproximadamente 500 a 1500 D.C., las facturas de crédito eran esenciales para las actividades comerciales de los prósperos ciudad-Estados italianos. El préstamo y el endeudamiento, así como la compra y venta de crédito, se convirtieron en prácticas generalizadas; la relación deudor-acreedor se encontraba en todas las clases de la sociedad, desde campesinos hasta nobles, incluso el Papa y otros altos dignatarios de la iglesia. Una forma común de inversión y crédito, especialmente en Italia, fue el "préstamo de mar" por el cual el dinero avanzado capitalista para el comerciante y por lo tanto compartía el riesgo. Si el viaje fue un éxito, el acreedor obtenía el respaldo de inversión más una bonificación sustancial de 20 a 30 por ciento; Si la nave se perdía, el acreedor podría perder toda la suma.

Otra forma de crédito fue la "letra justa" que fue desarrollado en las ferias celebradas regularmente en los centros de las áreas de negociación durante la edad media. La carta justa equivalía a un pagaré que debía pagarse antes del final de la feria o en el momento de la próxima feria. Permitió a un comerciante, que estaba corto de efectivo, para asegurar los bienes a crédito. Esto dio al comerciante tiempo ya sea para vender los bienes llevados a la feria o para llevar a casa y vender los bienes que habían sido comprados a crédito.

EL CREDITO EN USA AL PRINCIPIO

El descubrimiento del nuevo mundo proporcionó nuevas oportunidades para el crecimiento del capitalismo y la expansión del crédito. El primer uso registrado de crédito abierto en los primeros Estados Unidos tuvo lugar con el establecimiento de la primera colonia permanente en Nueva Inglaterra. En septiembre de 1620, el Mayflower zarpó de Inglaterra para Virginia. Debido al mal tiempo y los errores de navegación, los peregrinos terminaron en la costa de Cape Cod y finalmente establecieron el pueblo de Plymouth en Massachusetts. Si bien el viaje en sí fue un logro tremendo, también lo fue su financiación.

Los peregrinos habían pasado tres años de arduas negociaciones en Inglaterra tratando de recaudar los fondos necesarios para el viaje. Un rico comerciante de Londres financió el viaje y proporcionó "todo el crédito avanzado y para ser avanzado." a cambio, los peregrinos contrataron para trabajar por un período de siete años. Al final de ese período, el pago se haría a los acreedores en función del tamaño de la inversión individual.

El crédito original de £1.800 no podía pagarse al final de siete años, por lo que se acordó un acuerdo alternativo: £200 a pagar anualmente por un período de nueve años. Este acuerdo se tuvo que renegociar y finalmente, después de 25 años, se realizó el último pago. Este fue el primer ejemplo de crédito en los primeros Estados Unidos.

Para financiar la revolución americana, el segundo Congreso Continental hizo esfuerzos para financiar el ejército de las Colonias Unidas. El Congreso tenía sólo tres alternativas: pedir prestado el dinero de los países simpatizantes en el extranjero, que era una tarea imposible desde que el crédito del colonizador en el mundo se situaba en cero; imponer impuestos que eran impopulares y la causa misma que había provocado la revolución americana; o emitir facturas de crédito.

En junio de 1775, el Congreso Continental autorizó la impresión de $2 millones en varias denominaciones que van de un dólar a ocho dólares. Los problemas para la moneda continental comenzaron casi a la vez; cada nota tenía que ser firmada a mano, lo cual no era una tarea simple, teniendo en cuenta que 49,000 de ellos tenían que ser firmados. La falsificación de la moneda era rampante. El principio detrás de la moneda continental era, en esencia, una promesa de pagar al portador final, en algún momento en el futuro, el valor nominal en monedas españolas, las monedas en la más amplia circulación en este momento.

En 1783, se firmó el Tratado de París con el fin oficial de la guerra y el reconocimiento oficial de los Estados Unidos por parte de Inglaterra. Las operaciones se reanudaron y los importadores y mayoristas estadounidenses extendieron términos generosos a sus clientes. En general, las ventas se realizaron en términos de 12 meses, pero incluso cuando los términos de seis o nueve meses se ofrecieron, no era raro que una cuenta permaneciera impagada por un período mucho más largo, hasta 24 meses o más.

Con la restauración de costumbres y hábitos comerciales pre-revolucionarios, las referencias crediticias asumieron importancia, aunque en la mayoría de los casos la información adecuada seguía faltando. Algunos posibles compradores tomaron la precaución de usar los nombres de personas destacadas que conocían al realizar pedidos a crédito. Las referencias de crédito acompañaban a los pedidos, sin embargo, en la mayoría de los casos, los comerciantes tomaron sus riesgos.

Los términos de venta, a medida que se desarrollaron durante la década de 1800, reflejaban los cambios en la economía en rápida expansión. El período de 12 meses, que había prevalecido, mostró una tendencia a hacerse más corto. En la década de 1830, el término promedio de venta fue de unos seis meses.

Los tiempos financieros duros golpearon el país a mediados de 1830. La población estaba creciendo rápidamente y los negocios se expandían. La venta de tierras a crédito fue virtualmente desmarcada. El sistema bancario no estaba centralizado. En el verano de 1837, muchos bancos cerraron sus puertas y miles de empresas entraron en bancarrota. El pánico financiero de 1837 vio los inicios de la Agencia Mercantil, establecida en 1841 por Lewis Tappan. Fue esta agencia de información crediticia que eventualmente se convirtió en Dun & Bradstreet y ayudó a transformar el crédito, y con él, el curso del comercio americano.

La historia del crédito estadounidense, como ahora lo sabemos, no fue influenciada únicamente por Dun & Bradstreet. Otra organización importante para los gestores de crédito en todo el mundo se formó en 1896 en Toledo, Ohio. Un grupo de ejecutivos de crédito, representando a cien o más de sus colegas, se organizaron en una asociación nacional para gestores de crédito, la Asociación Nacional de hombres de crédito. Su intercambio de información crediticia se llevó a cabo inicialmente a nivel local y regional. La asociación se expandió a la Asociación Nacional de gestión de crédito (NACM), que hoy en día con su red de asociaciones afiliadas, representa aproximadamente 30,000 ejecutivos de crédito en todo el mundo.

HISTORIA DE LAS TARJETAS DE CREDITO

Hasta finales de 1800, los consumidores y comerciantes intercambiaron bienes a través del concepto de crédito, utilizando monedas de crédito y placas de carga como moneda. No fue hasta hace medio siglo que los pagos de plástico como los conocemos hoy se convirtieron en una forma de vida.

Inicios tempranos

A principios de 1900, las compañías petroleras y las tiendas por departamento emitieron sus propias tarjetas, según Stan Sienkiewicz, en un documento para la Reserva Federal de Filadelfia titulado "tarjetas de crédito y eficiencia de pago." tales tarjetas fueron aceptadas sólo en la empresa que emitió la tarjeta y en lugares limitados. Mientras que las tarjetas de crédito modernas se utilizan principalmente por conveniencia, estas tarjetas predecesoras se desarrollaron como un medio para crear lealtad de los clientes y mejorar el servicio al cliente.

La primera tarjeta bancaria, llamada "CHARGE-it," fue introducida en 1946 por John Biggins, un banquero en Brooklyn, según MasterCard. Cuando un cliente lo usó para una compra, la factura fue enviada al Banco de Biggins. El Banco reembolsó al comerciante y obtuvo el pago del cliente.

El problema era que las compras sólo se podían hacer localmente, y los titulares de tarjetas Charge-it tenían que tener una cuenta en el Banco de Biggins.

En 1951, la primera tarjeta de crédito bancaria apareció en el Franklin National Bank de Nueva York para clientes de préstamos. También podría ser utilizado por los titulares de cuentas del Banco.

La tarjeta Diners Club fue el siguiente paso en las tarjetas de crédito, la historia comenzó en 1949 cuando un hombre llamado

Frank McNamara tuvo una cena de negocios en el Major's Cabin Grill de Nueva York.

Cuando llegó la cuenta, Frank se dio cuenta de que había olvidado su billetera. Logró salirse de ese lío, pero decidió que debería haber una alternativa al dinero en efectivo.

McNamara y su socio, Ralph Schneider, regresaron a l mismo establecimiento en febrero de 1950 y pagaron la cuenta con una pequeña tarjeta de cartón. Acuñó la tarjeta Diners Club y se utiliza principalmente para fines de viajes y entretenimiento, que reclama el título de la primera tarjeta de crédito en uso generalizado.

El debut del plástico

Por el año 1951, había ya 20.000 titulares de tarjetas Diners Club. Una década más tarde, la tarjeta fue reemplazada por plástico. Las compras de la tarjeta Diners Club se hicieron a crédito, pero técnicamente era una tarjeta de débito, lo que significa que la factura tenía que ser pagada en su totalidad al final de cada mes.

Según los archivos, American Express se formó en 1850. Se especializó en entregas como competidor al servicio postal de los Estados Unidos, giros postales (1882) y cheques de viajero, que la empresa inventó en 1891. La compañía discutió la creación de una tarjeta de cargo de viaje allá por el año 1946, pero fué el lanzamiento de la tarjeta rival Diners Club que puso las cosas en movimiento.

En 1958 la compañía emergió en la industria de tarjetas de crédito con su propio producto, una tarjeta de carga morada para gastos de viaje y entretenimiento.

Sistema de circuito cerrado

El Diners Club y American Express Cards "funcionó en lo que se conoce como un sistema de ' circuito cerrado ', compuesto por el consumidor, el comerciante y el emisor de la tarjeta," Sienkiewicz escribe. "En esta estructura, el emisor autoriza y maneja todos los aspectos de la transacción y se instala directamente tanto con el consumidor como con el comerciante."

En 1959, se introdujo la opción de mantener un saldo rotativo, según MasterCard. Esto significaba que los titulares de tarjetas ya no tenían que pagar sus facturas completas al final de cada ciclo. Si bien esto llevó el riesgo de acumular cargos financieros, dio a los clientes una mayor flexibilidad en la gestión de su dinero.

Asociaciones de tarjetas bancarias

"La tarjeta de crédito de propósito general nació en 1966, cuando el Bank of America estableció la Corporación de servicios BankAmerica que franquicidado la marca BankAmericard (más tarde conocido como Visa) a los bancos en todo el país.

En 1966, se formó un sistema nacional de tarjetas de crédito cuando un grupo de bancos emisores de crédito se unieron y crearon la Asociación de tarjetas interbancarias.

El ICA es ahora conocido como MasterCard Worldwide, aunque fue temporalmente conocido como MasterCharge. Esta organización compite directamente con un programa similar de Visa.

Las nuevas asociaciones de tarjetas bancarias eran diferentes de sus predecesores en el momento en que se creó un sistema de "lazo abierto" que exigía la cooperación interbancaria y las transferencias de fondos.

Las organizaciones de Visa y MasterCard emiten tarjetas de crédito a través de los bancos miembros y establecen y mantienen las reglas para el procesamiento. Ambos están a la altura de miembros de la Junta que son en su mayoría ejecutivos de alto nivel de sus organizaciones bancarias miembro.

A medida que crecía la industria de la tarjeta bancaria, los bancos interesados en emitir tarjetas se convirtieron en miembros de la Asociación Visa o de la Asociación MasterCard. Sus miembros compartieron los costos del programa de tarjetas, haciendo que el programa de tarjetas bancarias esté disponible incluso para las pequeñas instituciones financieras. Más tarde, los cambios en los estatutos de la Asociación permitieron a los bancos pertenecer a ambas asociaciones y emitir ambos tipos de tarjetas a sus clientes.

El procesamiento de tarjetas de crédito evoluciona

A medida que el procesamiento de tarjetas de crédito se complicó, las empresas de servicios externos empezaron a vender los procesos a los miembros de la Asociación Visa y MasterCard. Esto redujo el costo de los programas para los bancos emitir tarjetas, pagar a los comerciantes y liquidar cuentas con los titulares de tarjeta, lo que permite una mayor expansión de la industria de pagos.

Visa y MasterCard desarrollaron reglas y procedimientos estandarizados para manejar el flujo de papel de la tarjeta bancaria con el fin de reducir el fraude y el uso indebido de tarjetas. Las dos asociaciones también crearon sistemas de procesamiento internacional para manejar el intercambio de dinero e información y establecieron un procedimiento de arbitraje para resolver disputas entre miembros.

Otros emisores se unen

Aunque American Express fue una de las primeras compañías en emitir una tarjeta de débito, no fue hasta 1987 que emitió una tarjeta de crédito que permitía a los clientes pagar a través del tiempo en lugar de al final de cada mes. Su modelo de negocio original se centró en los gastos de viaje y entretenimiento realizados por personas de negocios, que implicaron importantes ingresos de los comerciantes y cuotas de membresía anuales de los clientes. Si bien estos productos todavía están en su repertorio, la compañía ha desarrollado numerosas tarjetas de crédito de cuota no anual que ofrecen tasas introductorias bajas y programas de recompensas, similares a las tarjetas bancarias tradicionales.

Otra entrada en el negocio de la tarjeta lo fué Discover Card, originalmente parte de la Corporación Sears. Según Discover, su primera carta fue inaugurada en el Super Bowl del año 1986. Discover Card Services buscó crear una nueva marca con su propia red de comerciantes, y la compañía tuvo éxito en el desarrollo de la aceptación del comerciante.

Una sentencia de 2004 ante un tribunal antimonopolio contra Visa y MasterCard--iniciada por el gobierno de los Estados Unidos y el Departamento de justicia-cambió la relación exclusiva que Visa y MasterCard disfrutaron con los bancos. Esto permite a los bancos y otros emisores de tarjetas proporcionar a los clientes cartas de American Express o Discover, además de una visa o MasterCard.

El futuro

Mientras que la tarjeta de plástico ha sido el estándar durante más de medio siglo, desarrollos recientes muestran formas alternativas de pago que suben a la prominencia, desde servicios en línea como PayPal a chips que se pueden implantar en teléfonos celulares u otros dispositivos.

3. LOS JUGADORES PRINCIPALES

Sí, debería tratarlos como si fueran el enemigo.
Hay 4 jugadores del lado del enemigo

EXPERIAN

Experian es un grupo global de servicios de información con operaciones en 40 países, con sede corporativa en Dublín, República de Irlanda y sede operativa en Nottingham, Reino Unido; Costa Mesa, California, Estados Unidos; São Paulo, Brasil; y Heredia, Costa Rica.

La compañía ahora emplea a 17,000 personas. Cotiza en la bolsa de valores de Londres y es constituyente del índice FTSE 100. Experian es un socio en el sistema de verificación de identificación del gobierno del Reino Unido.

En el Reino Unido durante la década de 1970, GUS PLC, un conglomerado minorista con millones de clientes que pagan por bienes a crédito, empleó a John Peace, un programador informático en ese momento, para combinar los datos de pedidos por correo de varias empresas de GUS y crear una base de datos central a la que se más tarde añadió datos del censo electoral, así como juicios del Tribunal del condado. La base de datos de GUS fue comercializada en 1980 bajo el nombre comercial Credit Nottingham (CCN). En 1996 GUS PLC adquirió el negocio de informes crediticios de Estados Unidos Experian, anteriormente conocido como TRW Information Services, de Bain Capital y Thomas H. Lee Partners [4] y lo fusionó en CCN.

Durante los próximos diez años, Experian amplió su gama de productos a nuevos sectores de la industria, más allá de los servicios financieros, y entró en nuevos mercados como América Latina, Asia Pacífico y Europa del este. El negocio se expandió a través del desarrollo orgánico y las adquisiciones. En octubre de 2006, Experian fue separado de la compañía británica GUS PLC y cotiza en la bolsa de valores de Londres.

En agosto de 2005, Experian aceptó un acuerdo con la Comisión Federal de Comercio (FTC) sobre los cargos que Experian había violado un acuerdo anterior con la FTC. Las alegaciones de la FTC se referían a los clientes que se inscribieron en el "informe de crédito gratuito" en el sitio Consumerinfo.com de Experian. La FTC alegó que los anuncios para el "informe de crédito gratuito" no revelaban adecuadamente que Experian inscribiría automáticamente a los clientes en el programa de SEGUIMIENTO de crédito $79.95 de Experian.

En enero de 2008, Experian anunció que cortaría más de 200 empleos en su oficina de Nottingham, ya que trasladó el trabajo de desarrollo a la India para reducir los costos.

Experian cerró sus operaciones canadienses el 14 de abril de 2009.

Las principales líneas de negocio de Experian son servicios de crédito, servicios de marketing, análisis de decisiones y servicios al consumidor. La compañía recopila información sobre personas, empresas, vehículos de motor y seguros. También recopila datos de "estilo de vida" de encuestas on-line y fuera de línea.

Experian ofrece servicios en Norteamérica, Latinoamérica, Reino Unido e Irlanda, Europa, Oriente Medio y África y Asia Pacífico e informa de su desempeño financiero en esas regiones. Las actividades en estas regiones se agrupan en cuatro actividades principales: servicios de crédito, análisis de decisiones, servicios de marketing y servicios al consumidor.

Al igual que las otras grandes agencias de informes crediticios, Experian está principalmente regulada en Estados Unidos por la ley de informes de crédito justos (FCRA). La ley de transacciones de crédito justa y precisa de 2003, firmada en ley en 2003, enmendó el FCRA para exigir a las empresas de informes crediticios que proporcionen a los consumidores una copia gratuita de su informe de crédito por período de 12 meses. Al igual que sus principales competidores, TransUnion y Equifax, Experian comercializa informes de crédito directamente a los consumidores. Experian comercializa fuertemente su servicio de informes de crédito con fines de lucro, FreeCreditReport.com, y los tres organismos han sido criticados e incluso demandados por la venta de informes de crédito que se pueden obtener sin costo alguno.

Experian se niega a seguir la ley de California con respecto a las disputas y se basa sólo en la ley de informes de crédito justos.

La operación más grande de la compañía es Experian North America, una agencia de informes de crédito al consumidor que es considerada una de las tres agencias de crédito americanas más grandes junto con Equifax y TransUnion.

EQUIFAX

Equifax Inc. es una agencia de informes de crédito al consumidor en los Estados Unidos, considerada una de las tres agencias de crédito americanas más grandes junto con Experian y TransUnion. Fundada en 1899, Equifax es la más antigua de las tres agencias y reúne y mantiene información sobre más de 400 millones titulares de crédito en todo el mundo.

Con sede en Atlanta, Georgia, Equifax es un proveedor de servicios global con US $2.3 mil millones en ingresos anuales y más de 7000 empleados en 14 países. Equifax cotiza en la bolsa de Nueva York.

Equifax fue fundada en Atlanta, GA, como Retail Credit Company en 1899. La compañía creció rápidamente y por 1920 tenía oficinas en todo Estados Unidos y Canadá. En la década de 1960, Retail Credit Company fue una de las agencias de crédito más grandes del país, sosteniendo archivos sobre millones de ciudadanos estadounidenses y canadienses.

A pesar de que todavía hicieron informes de crédito la mayoría de sus negocios estaban haciendo informes a las compañías de seguros cuando las personas solicitaron nuevas pólizas de seguro incluyendo vida, auto, bomberos y seguro médico. Todas las principales compañías de seguros utilizaron RCC para obtener información sobre salud, hábitos, moral, uso de vehículos y finanzas.

También investigaron las reclamaciones de seguros e hicieron informes de empleo cuando las personas buscaban nuevos empleos. La mayor parte del trabajo de crédito fue realizado por una filial, la Agencia comercial de minoristas.

La extensa información de Retail Credit Company, y su disposición a venderlas a cualquier persona, atrajo críticas de la compañía en los años 1960 y 1970. Estos incluyeron que recogió "... hechos, estadísticas, inexactitudes y rumores... casi todas las fases de la vida de una persona; sus problemas matrimoniales, trabajos, historia escolar, infancia, vida sexual y actividades políticas. "la compañía también se alegó para premiar a sus empleados por la recopilación de información negativa sobre los consumidores.

Como resultado, cuando la empresa se trasladó a computarizar sus registros, lo que llevaría a una mayor disponibilidad de la información personal que tenía, el Congreso de Estados Unidos celebró audiencias en 1970.

Esto condujo a la promulgación de la ley de informes de crédito justo en el mismo año que dio a los consumidores derechos sobre la información almacenada sobre ellos en los bancos de datos corporativos. Se alega que las audiencias llevaron a la compañía de crédito minorista a cambiar su nombre a Equifax en 1975 para mejorar su imagen.

La compañía más tarde se expandió a informes de crédito comerciales sobre empresas en los Estados Unidos, Canadá y el

Reino Unido, donde entró en competencia con empresas como Dun & Bradstreet y Experian. El reporte del seguro fue eliminado. La compañía también tenía una división que vendía información crediticia especializada a la industria de seguros, pero se separó de este servicio, incluyendo la base de datos de intercambio integral de la pérdida de suscripción (CLUE) como ChoicePoint en 1997. La compañía anteriormente ofrecía servicios de certificación digital, que vendió a GeoTrust en septiembre de 2001.

En el mismo año, Equifax separó su división de servicios de pago, formando la compañía cotizada en la lista de certegy, que posteriormente adquirió Fidelity National Information Services en 2006. Certegy efectivamente se convirtió en una subsidiaria de Fidelity nacional Financial como resultado de esta fusión de adquisición inversa.

Durante la mayor parte de su existencia, Equifax ha operado principalmente en el sector de negocio a negocio, vendiendo informes de crédito y de seguros de consumo y análisis relacionados a empresas en una variedad de industrias. Los clientes de negocios incluyen minoristas, compañías de seguros, proveedores de atención médica, servicios públicos, agencias gubernamentales, así como bancos, cooperativas de crédito, empresas de finanzas personales y especializadas y otras instituciones financieras.

Equifax vende informes de crédito de empresas, análisis, datos demográficos y software. Los informes de crédito proporcionan información detallada sobre el historial de crédito y pago personal de las personas, indicando cómo han respetado las obligaciones financieras, tales como el pago de facturas o la repaga de un préstamo. Los concesionarios de crédito utilizan esta información para decidir qué tipo de productos o servicios ofrecer a sus clientes y en qué condiciones.

Equifax también proporciona informes de crédito comerciales, similares a Dun & Bradstreet, que contienen datos financieros y no financieros sobre empresas de todos los tamaños. Equifax recopila y proporciona datos a través del NCTUE, un intercambio de datos no crediticios, incluido el historial de pagos de los consumidores en las cuentas de telecomunicaciones y servicios públicos.

Desde 1999, Equifax comenzó a ofrecer servicios al sector de consumo de crédito, además, como fraudes crediticios y productos de prevención del robo de identidad. Equifax, y otras agencias de SEGUIMIENTO de crédito están obligados por ley a proporcionar a los residentes de Estados Unidos una divulgación gratuita de archivos de crédito cada 12 meses; el sitio web Annualcreditreport.com incorpora datos de los registros de crédito de US Equifax.

TRANSUNION

TransUnion es una empresa estadounidense que proporciona información crediticia y servicios de gestión de la información a aproximadamente 45,000 empresas y aproximadamente 500 millones consumidores en todo el mundo en 33 países. También es la tercera oficina de crédito más grande de los Estados Unidos.

Como principales competidores Equifax y Experian, TransUnion provee informes de crédito directamente a los consumidores. La compañía tiene su sede en Chicago, Illinois, y sus ingresos en el año 2014 fueron US$ 1.3 billones.

TransUnion fue formado originalmente en 1968 como un holding para la organización de leasing de ferrocarril Union Tank Car Company. Al año siguiente, adquirieron el Buró de crédito de Cook County, que poseyó y mantiene archivos de 3.6 millones de tarjetas. En 1981, un holding en Chicago del grupo de Marmon adquirió TransUnion por aproximadamente $ 688 millones.

Casi treinta años más tarde, en 2010, Goldman Sachs Capital Partners y Advent International adquirieron de Madison Dearborn Partners en 2014, TransUnion adquirió la empresa de datos de Hank Asher TLO. El 25 de junio de 2015, TransUnion se convirtió en una compañía que cotiza por primera vez, comerciando bajo el símbolo TRU.

TransUnion ha evolucionado su negocio durante los años para ofrecer productos y servicios para empresas y consumidores. Para las empresas, TransUnion ha evolucionado su puntuación de crédito tradicionales que ofrece incluir datos de tendencia que ayuda a predecir la rapidez de devolución de consumidor y comportamiento de la deuda. Este producto, conocido como CreditVision, fué lanzado en octubre de 2013.

Su servicio SmartMove™ facilita revisiones de crédito y verificación de antecedentes para los consumidores que pueden estar sirviendo en calidad de propietario.

En septiembre de 2013, la compañía adquirió sistemas de datos de eScan de Austin para proporcionar apoyo de determinación de elegibilidad posterior al servicio a hospitales y sistemas de salud. La tecnología fue integrada en plataforma ClearIQ que pacientes demográficos y seguros relacionados con información para verificación de beneficios de TransUnion.

En noviembre de 2013, TransUnion se fusionó con TLO LLC, una empresa que aprovecha datos en apoyo de sus herramientas de gestión de investigación y riesgo. Su tecnología TLOxp agrupa conjuntos de datos y utilizando un algoritmo propietario para descubrir relaciones entre los datos que no eran posibles antes.

Como parte de sus productos de protección de fraude, también ofrece una herramienta de negocio llamada DecisionEdge que agrega los datos necesarios para evitar el fraude a través de un sistema que personaliza la información necesaria para finalizar una transacción.

Para los consumidores, TransUnion ofrece crédito identidad y control de herramientas de protección de robo. La aplicación ofrece una función llamada CreditLock que permite a un individuo desbloquear y bloquear su crédito para ayudar a proteger contra la actividad fraudulenta.

En 2003, Judy Thomas de Klamath Falls, Oregon, fue galardonado con $ 5.3 millones en una demanda exitosa contra TransUnion. El premio se hizo en razón de que tuvo sus seis años a TransUnion para eliminar información incorrecta en su informe de crédito.

En 2006, después de pasar dos años tratando de corregir información errónea como resultado de ser víctima de robo de identidad, una víctima del fraude con el nombre de Sloan presentó demanda contra las tres agencias de crédito más grandes de Estados Unidos. TransUnion y Experian resulvieron fuera de la corte por un monto no revelado. En Sloan v. Equifax, un jurado otorgó a Sloan $351,000. Ella escribió cartas. Ella los llamó. Ellos pudieron ver el problema. Ellos simplemente no lo arreglaron.

TransUnion también ha sido criticado por ocultar cargos. Muchos usuarios se quejaron de no ser consciente de un cargo de $ 17.95/mes por tener una cuenta de TransUnion.

En marzo de 2015, un acuerdo con el Fiscal General de Nueva York, TransUnion, junto con otras empresas de informes de crédito, Experian y Equifax, acordaron ayudar a los consumidores con errores y banderas rojas sobre informes de crédito. Bajo el nuevo acuerdo, las empresas de informes crediticios deben utilizar a empleados entrenados para responder cuando un consumidor marca un error en su archivo.

Estos empleados son responsables de comunicarse con el prestamista y resolver la disputa.

FICO

FICO (NYSE: FICO) es una compañía de software con sede en San José, California y fundada por Bill Fair y Earl Isaac en 1956. Su puntaje de FICO, una medida de riesgo de crédito al consumo, se ha convertido en un accesorio del consumidor en los Estados Unidos.

En 2013, los prestamistas compraron más de 10 billones de puntajes FICO y unos 30 millones de consumidores estadounidenses accedieron a sus cuentas propias.

FICO fue fundada en 1956 como Fair, Isaac and Company por el ingeniero William Fair y matemático Earl Isaac. Los dos se conocieron mientras que trabajaban en el Instituto de investigación de Stanford en Menlo Park, California. Vendieron su primer sistema de puntuación de crédito dos años después de la creación de la empresa, FICO lanzó su sistema inicial a cincuenta de los prestamistas estadounidenses.

FICO se hizo público en 1986 y se cotiza en la bolsa de valores de Nueva York. La compañía debutó su primera puntuación de FICO para uso general en 1989.Las puntuaciones se basan en informes de crédito y van desde 300 a 850. Los prestamistas usan las puntuaciones para medir la solvencia de un prestatario potencial.

Fannie Mae y Freddie Mac comenzaron utilizando puntajes FICO para ayudar a determinar que los consumidores estadounidenses califican para hipotecas comprado y vendido por las empresas en 1995.

FICO tiene su sede en San José, California y tiene ubicaciones adicionales de Estados Unidos en Roseville, Minnesota; San Diego; San Rafael, California; Fairfax, Virginia; Ciudad de Nueva York y Austin, Texas.

La empresa cuenta con oficinas internacionales en Australia, Brasil, Canadá, China, Alemania, India, Italia, Japón, Corea, Lituania, Malasia, Filipinas, Rusia, Singapur, Sudáfrica, España, Taiwán, Tailandia, Turquía y el Reino Unido.

LO QUE HAY QUE SABER

1) hay 3 agencias de crédito diferentes. TransUnion, Equifax y Experian.

2) todas estas empresas tienen diferentes informes sobre usted. Esto es porque no comparten información sobre usted con los demás.

Son competidores entre sí. Cada uno quiere su propia información, es cómo hacer dinero.

3) estos agencias de informes de crédito.no están afiliadas con el gobierno Son empresas privadas.

4) hacen dinero vendiendo su información a empresas que quieren ver si es crédito digno. Piense en ello como si usted fuera el dueño de una tienda de muebles. Usted quiere hacer más ventas y extender el crédito. No conoce a los clientes   personalmente.

Está dispuesto a pagar $5 para averiguar si este cliente paga atrasado a otros comerciantes.

5) utilizan FICO para determinar una puntuación para cada persona. Pagan a FICO (Fair Isaac y compañía) por su fórmula matemática.

DONDE OBTIENEN SU INFORMACION LAS AGENCIAS DE INFORMES CREDITICIOS

En los Estados Unidos, las agencias de informes al consumidor recogen y agregan información personal, datos financieros y datos alternativos de individuos de una variedad de fuentes llamada proveedores de datos con quienes las agencias de informes mantienen una relación.

Los proveedores de datos suelen ser los acreedores, prestamistas, servicios públicos, agencias de cobro de deuda (burós de crédito) y los tribunales (es decir, registros públicos) con quienes un consumidor ha tenido una relación o experiencia. Los proveedores de datos informan acerca de su experiencia de pago con el consumidor a las agencias de informes crediticios.

Tanto los datos proporcionados por los proveedores como aquellos recogidos por las oficinas son agregados al repositorio de datos o archivos de la Agencia de informe del consumidor. La información resultante está disponible a petición de los clientes de los organismos crediticios para los efectos de la evaluación del riesgo de crédito, puntuación de crédito o para otros fines como la consideración de empleo o alquiler de un apartamento.

Dado el gran número de prestatarios de consumidores, estas puntuaciones de crédito tienden a ser mecanicistas. Para simplificar el proceso analítico para sus clientes, las diferentes agencias pueden aplicar un algoritmo matemático para proporcionar una puntuación que el cliente puede utilizar para evaluar más rápidamente la probabilidad de que un individuo pagará una deuda en particular dada la frecuencia que otras personas en situaciones similares han dejado de pagar.

LO QUE ESTA EN SU INFORME DE CRÉDITO

Aunque cada agencia de informes de crédito utiliza formatos diferentes para presentar su información en sus informes, todos los informes de crédito contienen básicamente las mismas categorías de información.

Su número de seguro social, fecha de nacimiento e información de su empleo son utilizados para identificarle. Estos factores no se utilizan en la puntuación de crédito. Las actualizaciones de esta información provienen de información que usted suministra a los prestamistas.

Información de identificación

Su nombre, dirección, número de Seguro Social, fecha de nacimiento y la información de el empleo se utilizan para identificarle. Estos factores no se utilizan en la puntuación de crédito. Actualizaciones de esta información provienen de información que usted suministra a los prestamistas.

Líneas de comercio

Estas son sus cuentas de crédito. Los prestamistas informan sobre cada cuenta que se ha establecido con ellos. Informan el tipo de cuenta (tarjeta, crédito automotriz, hipotecario, etcetera), la fecha en que abrió la cuenta, cantidad del préstamo o límite de crédito, el saldo de la cuenta y su historial de pago.

Investigaciones de crédito

Cuando usted solicita un préstamo, usted autoriza a su prestamista a pedir una copia de su informe de crédito. Así es cómo las investigaciones aparecen en su informe de crédito. La sección de averiguaciones contiene una lista de todos los que accedieron a su informe de crédito dentro de los dos últimos años.

En el informe se puede ver las listas de ambas investigaciones "voluntarias", estimulada por sus propias solicitudes de crédito, y preguntas "involuntarios", como cuando los prestamistas solicitan su informe con el fin de hacerle una oferta de crédito pre-aprobada por correo.

Registro público y colecciones

Las agencias de informes crediticios también recogen información del registro público del estado y de cortes del Condado e información sobre la deuda vencida de agencias de cobro. Información del registro público incluye a Freddie, HUD, demandas, pignoraciones de salario, embargos y juicios.

LO QUE NO ESTA EN SU INFOEME DE CRÉDITO

Tarjetas de débito prepago, cuentas de cheques y tarjetas de débito tradicionales

Ninguno de estos elementos antes mencionados aparecen en sus informes de crédito. Tarjetas de débito y cuentas de cheques son realmente la misma cosa, como una tarjeta de débito es como una versión plástica de un cheque impreso en papel.

Y una tarjeta de débito prepagada no es realmente mucho más que una tarjeta de regalo recargables con honorarios.

Ninguno de los tres artículos son una verdadera extensión de crédito, como sólo uno es capaz de gastar el dinero que ya sea: A) cargado en la tarjeta, o B) depositados en una cuenta en un banco o cooperativa de crédito.

Hay confusión considerable sobre la tarjeta prepago de débito y crédito informar problema porque algunas de las empresas y los individuos que son pagados a respaldar estas tarjetas indican que ayudará a tus informes de crédito y cuentas, que no es en absoluto cierto.

De hecho, las agencias de crédito ahora lo tienen incluido en su guía de normas de información que aborda el tema de las tarjetas de débito prepagadas y presentación de informes de crédito.

Lee, "No reportan las tarjetas prepagadas de regalo y las tarjetas de crédito prepagadas porque el consumidor no tiene ninguna obligación de crédito."

Sin embargo, hay un escenario cuando su cuenta de cheques podría afectar su informe de crédito: Si tiene protección contra sobregiros en la forma de un préstamo de instalación sin usar ese préstamo puede ser reportado a las agencias de crédito.

Personalmente tengo una de esas en mis reportes de crédito y las he tenido durante muchos años.

Evidencia que ahora están casados

Cuando usted se casa nadie en la industria de crédito lo sabe.

Los organismos de informes no lo saben, su puntuación de crédito tampoco, y los prestamistas mucho menos.

No hay nada en un informe de crédito que aparece o cambia sólo porque usted se ha casado.

Ahora, si usted decide aplicar conjuntamente con su cónyuge o de lo contrario mezcla sus obligaciones actuales de deuda y pasivos, entonces eventualmente sus informes de crédito se veran similares a informes de crédito de su cónyuge porque los datos serán similares.

¿Quieren un buen consejo?

Mantengan independencia de crédito incluso después de que están casados.

No hay ninguna razón para mezclar sus deudas y no hay razón para aplicar conjuntamente por crédito, excepto en el caso donde usted necesitará dos ingresos para calificar para un préstamo.

Indicadores de riqueza

No hay nada en reportes de crédito que indica su salario, su patrimonio neto, la relación deuda a ingresos o la cantidad de dinero en su billetera, 401 k, IRA, SEP, mercado de dinero, cuenta de corretaje o cualquier otra cuenta de ahorros.

No hay manera saber los ingresos de una persona mirando sus informes de crédito.

Esto no debería ser una sorpresa debido a que los informes de crédito deben contar una historia sobre su solvencia, no su ingreso.

Los ingresos y otros indicadores de riqueza son medidas de capacidad, o su capacidad para pagar una factura. Los informes de crédito y las puntuaciones de crédito se suponen que dejen el rastro sobre su puntualidad al pagar sus cuentas.

Servicios públicos y gastos médicos

Mientras que hay excepciones a esta regla. La mayoría del tiempo los servicios públicos y las facturas médicas no aparecen en sus informes de crédito como una obligación de préstamo de tarjeta de crédito o auto.

Si usted ve un informe público de utilidades o gastos médicos en un crédito, es probables allí porque son cuentas morosas en manos de una agencia de cobros.

Cuando una utilidad o factura médica ees morosa, el proveedor de servicio normalmente subcontrata la colección de factura a un cobrador de deudas.

Y, los cobradores de deudas comúnmente hace caso omiso a las agencias de informes crediticios.

COMO SE CALCULA SU PUNTUACION DE CRÉDITO (FICO)

El puntaje de crédito, comúnmente conocido como una puntuación de FICO, es una herramienta propia creada por Fair Isaac Corporation. Esta no es la única manera de conseguir una puntuación de crédito, pero la puntuación FICO es la medida que se utiliza comúnmente por los prestamistas para determinar el riesgo de un préstamo particular.

Debido a la naturaleza propia de la puntuación FICO, la compañía Fair Isaac no revela la fórmula exacta que utiliza para calcular este número. Sin embargo, lo que se sabe es que el cálculo se divide en cinco categorías principales con diferentes grados de importancia. Estas categorías, con el porcentaje de importancia relativa entre paréntesis, son historia de pago (35%), monto adeudado (30%), longitud de historial de crédito (15%), nuevo crédito (10%) y tipo de crédito (10%).

Todas estas categorías se tienen en cuenta en su puntaje total – ninguna área o incidente específico determina su puntuación.

La categoría de historia de pago comenta sobre qué tan bien han reunido sus obligaciones previas en varios tipos de cuenta.

También busca problemas previos en su historial de pago tales como bancarrota, colecciones y delincuencia. Toma en consideración el tamaño de estos problemas, el tiempo que tardó para resolverlos y cuánto tiempo ha pasado desde que los problemas aparecieron. Mientras más problemas tiene en su historial de crédito, más débil su puntuación de crédito será.

El siguiente componente más grande es la cantidad que actualmente le debe a los prestamistas. Mientras que esta categoría se centra en la cantidad actual de deuda, se ve también en el número de diferentes cuentas y los tipos específicos de cuentas que tiene. Esta área se centra en su situación financiera actual, y una gran cantidad de deuda de muchas fuentes tendrá un efecto adverso en su calificación.

Otras categorías (longitud de historial de crédito, crédito y tipo de crédito utilizado) son b astante sencillas.

Si tiene un buen historial de crédito, mejor. El sentido común dicta que alguien que nunca ha sido tardío con el pago en más de veinte años es una apuesta mucho más segura que alguien que ha pagado a tiempo dos veces.

También, personas que solicitan crédito muchas veces probablemente ya tienen las presiones financieras para hacerlo, así que cada vez que usted solicita crédito, su puntuación baja un poquito. Y finalmente, una persona con sólo una tarjeta de crédito es menos riesgosa que una persona con 10, así que mientras más tipos de cuentas de crédito tiene, menor será su puntuación.

Es importante entender que su puntuación de crédito sólo se ve en la información contenida en su informe de crédito y no refleja la información adicional que el prestamista puede considerar en su evaluación. Por ejemplo, su informe de crédito no incluye cosas tales como ingresos y duración de empleo.

En la tabla a continuación se detallan las categorías, cada una con su descripción y el "Peso expresado como porcentaje del total" que tiene cada categoría:

Categoria	Descripción	Peso
Historial de pagos	Cuan a tiempo y consistentes son sus pagos	40%
Profundidad del crédito	longitud de historial de crédito y tipos de crédito recibido anteriormente	21%
Utilización	relación de deuda y crédito y cuánto crédito disponible	20%
Saldos	cuanto es su deuda total, muy probablemente; la deuda morosa se cuenta más duramente que la deuda actual	11%
Crédito reciente	Cuán recientes y cuantas nuevas investigaciones y nuevas cuentas hay	5%
Crédito disponible	Cuánto crédito puede acceder, por ejemplo, podría usted gastar $50.000 de crédito esta noche o la próxima semana	3%

RANGOS DE PUNTUACION DE CRÉDITO

Existen varios tipos de puntuación de crédito FICO: clásico o genérico, tarjeta bancaria, finanzas personales, hipoteca, préstamo a plazos, crédito automotriz y puntuación NextGen.

La puntuación FICO genérica o clásica es entre 300 y 850 y el 37% de las personas tenían entre 750 y 850 en 2013. Según FICO, la puntuación de FICO clásica media en 2006 fue 723 y 711 en 2011. La puntuación de FICO clásico estadounidense media era 713 en 2014.

La puntuación de FICO de tarjeta bancaria y puntuación de FICO automotriz es entre 250 y 900. La puntuación FICO de hipoteca es entre 300 y 850. Puntuaciones más altas indican un menor riesgo de crédito.

Cada individuo tiene realmente más de 49 puntuaciones de crédito para el modelo de puntuación FICO porque cada una de las tres agencias nacionales de crédito, Equifax, Experian y TransUnion, tiene su propia base de datos.

Datos acerca de un consumidor individual pueden variar desde una oficina a otra. Los puntajes FICO tienen diferentes nombres en cada una de las diferentes agencias de informes de crediticios: Equifax (BEACON), TransUnion (Score de FICO, clásico) y Experian (modelo de riesgo de Experian/FICO). Hay cuatro generaciones activas de puntajes FICO:

PUNTUACION DE RIESGO DE NEXTGEN

La puntuación de NextGen es un modelo de puntuación diseñado por la empresa FICO para evaluar el riesgo de crédito al consumo. Esta partitura fue introducida en 2001 y en 2003 fue lanzada la segunda generación de NextGen. En 2004, investigación FICO mostró un aumento de 4.4% en el número de cuentas arriba atajo mientras que al mismo tiempo muestra una disminución en el número de cuentas malas, cargo a pérdidas y quiebra en comparación con FICO tradicional. Puntuación FICO NextGen es entre 150 y 950.

Cada una de las agencias de crédito principales mercados esta partitura generada con los datos diferentemente:

Experian: FICO avanzado puntuación de riesgo

Equifax: Pinnacle

TransUnion: FICO riesgo puntuación NextGen (anteriormente precisión)

Antes de la introducción de NextGen, sus puntajes FICO se comercializan bajo diversos nombres:

Experian: FICO riesgo modelo

Equifax: Faro

TransUnion: FICO Risk Score, clásico (antes EMPIRICA)

PUNTUACION VANTAGE SCORE

VantageScore es el nombre de un producto de calificación crediticia que fue creado por las tres agencias de crédito principales (Equifax, Experian y TransUnion). El producto fue presentado por las tres agencias en 14 de marzo de 2006. El VantageScore es un intento de competir con la puntuación FICO producida por FICO.

VANTAGESCORE VS FICO

Puntuación VantageScore y FICO es las puntuaciones de crédito diferentes. FICO y las agencias de crédito han permitido al público conocer cierta información sobre las categorías de puntuación de crédito y los pesos de cálculo correspondiente. FICO permite a consumidores Obtén su puntaje de FICO genérico o clásico de Experian, TransUnion y Equifax de sitio web myFICO.

Los consumidores pueden conseguir sus VantageScores de sitios web de informe de crédito gratis para un honorario, y TransUnion y Experian ofrecen su VantageScore a los consumidores a través de sus sitios Web. Las tres agencias de usan la misma fórmula para calcular el VantageScore; sin embargo, todavía hay discrepancias entre los puntajes resultantes si se ejecuta para cada uno de los informes de crédito.

Esto es debido a diversos datos de que las tres agencias tienen sobre los informes de crédito. FICO, el creador original de la puntuación FICO, no se había involucrado con la creación de la nueva fórmula de VantageScore.

Las tres agencias han anunciado la VantageScore como algo que ayudará a los bancos y los prestamistas más profundizar en las categorías de "subprime". Prestamistas de hipotecas de alto riesgo son bancos u otros prestamistas dedicados a prestatarios con crédito menos que perfecto o más difícil para justificar el crédito

El viejo VantageScore va de 501 a 990, según lo informado por TransUnion:

A: 900 – 990
B: 800 – 899
C: 700 – 799
D: 600 – 699
F: 501 – 599

El VantageScore 3.0, la nueva versión, es entre 300-850 de 2013.

Aunque se desconocen los detalles exactos de cómo se calcula la puntuación, VantageScore ha lanzado las categorías y proporciones utilizados.

Lo que contribuye a un resultado positivo en cada categoría, y a qué grado particular datos afectan a la puntuación, es desconocido.

La puntuación está destinada a indicar la probabilidad de que un cliente será devolver el préstamo a tiempo y de manera consistente; valores que muestran comportamientos contrarios a éstos son más propensos a empeorar la partitura y viceversa.

OTRAS PUNTUACIONES DE CRÉDITO

Algunos consumidores denominan puntuaciones FAKO a las puntuaciones no FICO. Experian tiene una puntuación de crédito solo para uso educativo (Plus score) entre 330 y 830, y la puntuación de Experian Scorex PLUS está entre 300 y 900. Equifax tiene la puntuación de crédito Equifax entre 280 y 850.

Algunos prestamistas utilizan una puntuación de aplicación entre 100 y 990, y la puntuación de Credit Optics por ID Analytics Inc. entre 1 y 999.

La nueva puntuación de cuenta TransRisk de TransUnion en el sitio web Credit Karma está entre 300 y 850, y la puntuación de equivalencia nacional Experian en Credit Sesame y Credit.com oscila entre 360 y 840.

Varios sitios web (TransUnion, Equifax, crédito Karma, Credit Sesame etc.) ofrecen diferentes puntuaciones de crédito a los consumidores, pero no son utilizados por los prestamistas. Innovis, ChexSystems y PRBC son otras empresas que producen puntuaciones de crédito utilizadas por algunos prestamistas.

4. ELEMENTOS DE AYUDA

QUÉ ES EL "FAIR CREDIT REPORTING ACT" (FCRA)

El "Fair Credit Reporting Act" (ley de informes de crédito justos), 15 U.S.C. § 1681 ("FCRA") es la legislación del gobierno federal de los Estados Unidos promulgada para promover la exactitud, plusvalía y privacidad de la información del consumidor contenida en los archivos de las agencias de informes de consumidores.

Se pretendía proteger a los consumidores de la inclusión deliberada y/o negligente de información inexacta en sus informes crediticios. A tal fin, el FCRA regula la recopilación, la divulgación y el uso de la información de los consumidores, incluida la información crediticia del consumidor.

Junto con la ley de prácticas justas de cobro de deudas ("FDCPA"), el FCRA constituye la base de la ley de derechos de los consumidores en los Estados Unidos.

Se aprobó originalmente en 1970, y es aplicada por la Comisión Federal de comercio de los Estados Unidos, la oficina de protección financiera del consumidor y los litigantes privados.

La ley de informes de crédito justos, como se promulgó originalmente, fue el título VI de pub. L. 91 – 508, 84 stat. 1114, promulgada el 26 de octubre de 1970, titulada una ley para enmendar la ley federal de seguros de depósitos a fin de exigir a los bancos asegurados que mantengan ciertos registros, para exigir que ciertas transacciones en la moneda de los Estados Unidos sean reportadas al Departamento de la Tesorería, y para otros fines.

Fue escrita como una enmienda para agregar un título VI a la ley de protección de crédito al consumidor, pub. L. 90 – 321, 82 stat. 146, promulgada el 29 de junio de 1968.

"CONSUMER REPORT" – INFORME DEL CONSUMIDOR

Comúnmente conocido como informes de crédito, un informe del consumidor "contiene información sobre su crédito-y algunos historial de pago de facturas-y el estado de sus cuentas de crédito.

Esta información incluye la frecuencia con la que realiza los pagos a tiempo, la cantidad de crédito que tiene, la cantidad de crédito que tiene disponible, la cantidad de crédito que está utilizando y si una deuda o un cobrador de facturas está cobrando en el dinero que adeuda. Los informes de crédito también pueden contener información de pago de alquiler si usted es un inquilino de la propiedad.

También puede contener registros públicos como gravámenes, juicios y bancarrotas que proporcionan información sobre su estado financiero y sus obligaciones.

QUÉ REGULA EL FCRA

El FCRA regula:

Agencias de informes de consumidores;

Usuarios de informes de consumidores; Y

Suministra información al consumidor.

Si se violan los derechos de un consumidor bajo el FCRA, pueden recuperarse:

Daños reales o estatutarios;

Honorarios del abogado;

Costos judiciales; Y

Daños punitivos si la violación fue intencional. "La amenaza de daños punitivos bajo el 1681n del FCRA es el principal factor que disuada de la notificación errónea por parte de la industria informante."

El estatuto de prescripción obliga a los consumidores a presentar una demanda antes de lo anterior: dos años después de que se haya descubierto la infracción; o, cinco años después de que ocurriera la violación.

Los abogados de consumo a menudo toman estos casos sobre una base de honorarios de contingencia porque la ley permite a un consumidor recuperar los honorarios de abogado de la parte que ofende.

USUARIOS DEL INFORME DEL CONSUMIDOR O "CONSUMER REPORT"

Los usuarios de la información para fines de crédito, seguros o empleo (incluyendo verificaciones de antecedentes) tienen las siguientes responsabilidades bajo el FCRA:

Los usuarios sólo pueden obtener informes de consumidores para fines permitidos bajo el FCRA;

Los usuarios deben notificar al consumidor cuando se toma una acción adversa sobre la base de dichos informes; Y

Los usuarios deben identificar a la empresa que proporcionó el informe, de modo que la exactitud y la exhaustividad del informe puedan ser verificados o impugnados por el consumidor.

VERIFICACION DE ANTECEDENTES DE EMPLEO

Los empleadores que utilizan informes de consumidores para filtrar los solicitantes de empleo o empleados deben seguir procedimientos específicos, incluyendo:

Obtener el permiso por escrito;

Comunicar cómo quieren usar su reporte de crédito;

No abusar de su información;

Darle una copia de su reporte de crédito si el empleador decide no contratarlo o lo despide; Y

Darle la oportunidad de disputar la información contenida en su informe de crédito antes de tomar una decisión adversa final.

PROVEEDORES DE INFORMACION

Un acreedor, tal como lo define el FCRA, es una empresa que suministra información a las agencias de informes de los consumidores. Por lo general, estos son los acreedores, con los que un consumidor tiene algún tipo de contrato de crédito (como compañías de tarjetas de crédito, empresas de financiación de automóviles e instituciones bancarias hipotecarias).

Otros ejemplos de información son las agencias de cobro (terceras partes recopiladoras), los tribunales estatales o municipales que informan de un juicio de algún tipo, los empleadores pasados y presentes y las bonders. Los prestamistas tienen un papel importante que desempeñar para garantizar que los informes crediticios sean precisos. En el marco del FCRA, los acreedores que proporcionen información sobre los consumidores a los organismos de información al consumidor deben:

Proporcionar información completa y precisa a las agencias de informes crediticios;

Investigar las disputas de consumidores recibidas de agencias de informes crediticios;

Corregir, eliminar o verificar información dentro de los 30 días siguientes a la recepción de una disputa; Y

Informar a los consumidores acerca de la información negativa que está en el proceso de o ya se ha colocado en el informe de crédito de un consumidor dentro de un mes.

(Este aviso no tiene que ser enviado como un aviso separado, pero puede ser colocado en el estado de cuenta mensual de un consumidor. Si se envía como parte del estado de cuenta mensual, debe ser visible, pero no es necesario que esté en negrita. Redacción obligatoria (desarrollada por el Departamento del tesoro federal de Estados Unidos):

Aviso antes de que se reporte información negativa: podemos reportar información sobre su cuenta a agencias de crédito. Los pagos atrasados, los pagos perdidos u otros valores predeterminados en su cuenta pueden reflejarse en su informe de crédito.

Aviso después de la información negativa se informa: le hemos dicho a una oficina de crédito sobre un pago tardío, pago faltado u otro defecto en su cuenta. Esta información puede reflejarse en su informe de crédito.

AGENCIAS DE INFORMES DEL CONSUMIDOR (CRA)

Las agencias de información al consumidor (CRAs) son entidades que recopilan y difunden información sobre los consumidores que se utilizarán para la evaluación del crédito y otros fines, incluido el empleo. Las agencias de crédito, un tipo de agencia de informes de consumidores, poseen un informe de crédito del consumidor en sus bases de datos. Las CRAs tienen una serie de responsabilidades bajo el FCRA, incluyendo las siguientes:

Los CRAs deben mantener procedimientos razonables para garantizar la máxima precisión posible de la información contenida en el informe de un consumidor;

Proporcionar a un consumidor información sobre él o ella en los archivos de la Agencia y tomar medidas para verificar la exactitud de la información disputada por un consumidor;

Si se elimina información negativa como resultado de una disputa del consumidor, no podrá ser reinsertada sin notificar al consumidor por escrito en un plazo de cinco días; Y

Eliminar la información negativa siete años después de la fecha de la primera delincuencia (a excepción de bancarrotas (10 años) y gravámenes tributarios (siete años desde el momento en que se pagan).

Las tres grandes CRAs – Experian, TransUnion y Equifax – o interactúan directamente con la información como resultado de las disputas de los consumidores. Usan un sistema llamado E-Oscar.

En algunas áreas del país, sin embargo, hay otras agencias de crédito.

AGENCIAS ESPECIALIZADAS DE INFORMES A NIVEL NACIONAL

Además de los tres grandes CRAs, el FCRA también clasifica a docenas de otras empresas de tecnología de la información como "agencias de informes de consumidores de especialidad nacional" que producen informes de consumidores individuales utilizados para hacer determinaciones de crédito. En virtud de la sección 603 de la ley de informes de crédito justos, el término "Agencia Nacional de informes de consumidores especializados" significa una agencia de informes de consumidores que compila y mantiene archivos sobre los consumidores en una base nacional relacionada con:

Registros médicos o pagos;
Historia residencial o de inquilino;
Revise el historial de escritura;
Antecedentes penales; Y
Otra información de registro público.

Debido a que estas agencias de informes de consumidores especializadas a nivel nacional venden archivos de informes de crédito al consumidor, están obligados a proporcionar revelaciones anuales de sus archivos de informes a cualquier consumidor que solicite divulgación. Una lista parcial de empresas clasificadas como agencias nacionales de informes de consumidores especializadas en el marco del FCRA incluye: TeleCheck, ChoicePoint, Acxiom, Partners integrados de cribado, Innovis, la oficina de servicios de seguros, servicios de datos de inquilinos, LexisNexis, Retail

Ecuación, crédito central, Teletrack, el grupo MIB, United Health Group (División Ingenix) y Milliman.

Aunque los principales CRAs Experian, Equifax y TransUnion están obligados por ley a proporcionar un sitio web de origen central para que los consumidores soliciten sus informes, las agencias nacionales de informes de consumidores especializados no están obligadas a proporcionar una fuente centralizada en línea para la divulgación. La sección 612 de la FCRA se limita a exigir a las agencias nacionales de informes de consumidores que establezcan un proceso simplificado para que los consumidores soliciten informes de los consumidores, que incluirán, como mínimo, el establecimiento por cada uno de dichos organismos de un teléfono de línea gratuita número de solicitudes de divulgación de consumidores.

5. QUE DEBEN HACER LAS AGENCIAS DE REPARACION DEL CRÉDITO

Esto es lo que las agencias de crédito deberían hacer cuando reciben una carta de disputa.

Un empleado de la oficina de crédito recibe la disputa y la revisa personalmente. Durante esta revisión, recopilan información y documentos con respecto a la cuenta en disputa poniéndose en contacto con el acreedor original o la Agencia de cobro (Data Furnisher).

A continuación, el empleado de la oficina de crédito revisa copias de documentos originales, como la solicitud de crédito, los extractos de facturación, las declaraciones de facturación y pago, o las notas de la cuenta en busca de errores en los informes. Si hay algo en cuestión que solicitará la prueba de la "Data Furnisher."

Una vez completada una investigación completa, el empleado de la oficina de crédito actualizará la cuenta del consumidor de acuerdo con los resultados de la investigación.

Esto es genial en teoría, pero no es así en la práctica. Esto nunca pasa.

LO QUE REALMENTE SUCEDE CON LAS DISPUTAS

Las agencias de crédito utilizan el "reconocimiento óptico de caracteres" o el OCR que forma parte de su sistema e-OSCAR. Esta tecnología les permite escanear las cartas del consumidor y convertirlas en texto en formato que se puede almacenar en una base de datos. De esta manera, pueden lidiar con las más de 20,000 cartas de disputa que reciben cada día.

SU CRÉDITO HA SIDO SUBCONTRATADO

Gracias a esta tecnología y externalización en el extranjero, las agencias de crédito han reducido ese costo de cada disputa de alrededor de $4.50 hasta alrededor de 90 centavos.

Cuando la carta es recibida por la Agencia de informes de crédito (Credit Bureau) se escanea electrónicamente con "reconocimiento óptico de caracteres" y se compara con una base de datos o "placa de calderas" de las cartas de disputa comúnmente utilizadas por las compañías de reparación de crédito o encontradas en programas de software baratos y libros de reparación de crédito. Si los algoritmos encuentran que su letra "coincide" con una de estas letras en su base de datos, lo más probable es que su disputa sea marcada como frívola, sospechosa o simplemente ignorada.

Si usted utiliza software de reparación de crédito pobre o simplista o cartas de disputas de los libros de reparación de crédito que podría tener experiencia de primera mano con esto.

No importa quién escriba las cartas de disputa o cuán amenazantes sean, si la versión escaneada no coincide con la de una carta de disputa repetitiva utilizada miles de veces, la versión escaneada se enviará electrónicamente al extranjero para su procesamiento. Allí, un empleado analizará la disputa escaneada y asignará un código de 3 dígitos (incluso si tiene varias páginas de documentación detallada que respaldan la reclamación). Alrededor del 85% de las disputas caerán bajo los mismos 5 códigos.

EXPLICACION DEL E-OSCAR

e-OSCAR es un sistema automatizado basado en la web, metro 2, que permite a los presentadores de datos (emisores de crédito como la tarjeta de crédito Visa Bank of America y agencias de cobro como NCO Financial), y agencias de informes de crédito (CRAs) para crear y responder al consumidor disputas de historial crediticio (las cartas de disputa que usted les envíe).

Las agencias de informes de crédito (CRAs) incluyen Equifax, Experian, Innovis y TransUnion, sus filiales o agencias de crédito independientes e informes hipotecarios. e-OSCAR también proporciona a los Data Furnishers (DFs) para enviar "fuera de ciclo" actualizaciones de historial de crédito a las agencias de informes de crédito (Equifax, Experian, Innovis y TransUnion).

El sistema es principalmente compatible con la verificación de disputas crediticias automatizadas (ACDV) y el procesamiento automatizado de datos universales (AUD), así como una serie de procesos relacionados que manejan el registro, la administración de códigos de suscriptor y los informes. Este sistema fue creado para reducir la sobrecarga causada por alrededor de 20,000 cartas de disputa recibidas por los CRAs todos los días.

A través del sistema e-OSCAR, el procesador de disputas lee la disputa y la clasifica bajo un código de disputa seleccionado en un menú. De estos códigos de disputa, el 85% de las disputas caen bajo los mismos 5 códigos. Como se puede ver en la siguiente tabla, más de 50% de las disputas se agrupan bajo las clasificaciones de "no Mine y estado de cuenta" que parecen ser los errores más comunes incurridos por las agencias de informes de crédito.

CODIGOS DEL E-OSCAR

001 no es suyo.

002 pertenece a otro individuo con el mismo nombre/similar.

006 no es consciente de la colección.

008 tarde debido a cambio de dirección y nunca recibido declaración.

010 pagos de liquidación o parciales aceptados.

012 las reclamaciones abonaban al acreedor original antes del estado de cobro o se abonaban antes del cobro.

014 reclamaciones pagadas antes del estado de cobro.

019 incluido en la quiebra de otra persona.
023 cuenta de reclamaciones cerrada.
024 cuenta de reclamaciones cerrada por el consumidor.
031 contrato cancelado o rescindido.
037 cuenta incluida en bancarrota.
038 reclamaciones de servicio militar activo.
039 reclamo de seguro retrasado.
040 cuenta involucrada en litigios.
041 reclamaciones de víctimas de desastres naturales o declarados.
100 cuenta de reclamaciones aplazada.
101 no se responsabiliza de la cuenta (es decir, ex-cónyuge, empresa).
102 cuenta reafirmada o no incluida en bancarrota.
103 Reclamaciones fraude de identidad verdadera/cuenta abierta fraudulentamente.
104 reclamaciones de toma de cuenta, cargos fraudulentos realizados a cuenta.
105 disputas fechas de último pago/abierto/de primera delincuencia/facturación/cerrado.
106 disputas presente/estado de la cuenta anterior/Perfil de historial de pago/calificación de pago.
107 disputas comentario especial/código de condición de conformidad/observaciones narrativas.
108 disputas tipo de cuenta o términos duración/términos frecuencia o tipo de portafolio disputado.
109 disputas saldo actual.
110 la compañía de reclamos cambiará.
111 la compañía de reclamos eliminará.
112 reclama información inexacta.

A través del sistema e-OSCAR, el procesador de disputas lee la disputa y la clasifica bajo un código de disputa seleccionado en un menú. De estos códigos de disputa, el 85% de las disputas caen bajo los mismos 5 códigos. Como se puede ver en la siguiente tabla, más de 50% de las disputas se agrupan bajo las clasificaciones de "no Mine y estado de cuenta" que parecen ser los errores más comunes incurridos por las agencias de informes de crédito.

DISTRIBUCION ESTADISTICA SE LAS RAZONES DE DISPUTAS

Razón de la Disputa	% de Disputas
No es mío	31%
Estado de la cuenta	21%
Información inexacta	17%
Importes de la cuenta	9%
Cuenta cerrada	7%
Disputas que caen bajo los mismos 5 códigos:	**85%**

Una vez que su disputa se convierta en uno de los "códigos de disputa estandarizados" dentro del sistema e-OSCAR, el código se envía a través de e-OSCAR al Data Furnisher (el acreedor original o la Agencia de cobro) utilizando un formulario estandarizado conocido como una disputa de crédito automatizada Formulario de verificación (ACDV).

Cuando los datos reciben un ACDV a través del sistema e-OSCAR, deben comenzar una investigación "en profundidad". Si el Claudia amueblado es una agencia de cobro, debe ponerse en contacto con el acreedor original para obtener la documentación real de la cuenta, pero los datos no recibirán ni verán toda la parte de documentación de la disputa.

Los Data Furnishers pueden recibir miles de disputas al mes. la solución de e-OSCAR al problema es enviar a los Data Furnisher todas estas disputas en un archivo grande (archivo por lotes), todo a la vez. Cuando el archivo de datos recibe este fichero, existen varias opciones para el tratamiento de los datos. Una de estas opciones se llama responder a todos.

Esta opción permite que el Claudia amueblado de datos Seleccione una respuesta como "cuenta verificada" y aplique esta respuesta a varios registros en el archivo con un solo clic.

Otra función llamada "auto-rellenar" permite que los datos que proporciona el complemento auto poblar las respuestas de ACDV antes de enviarlos de vuelta a la oficina de crédito a través del sistema e-OSCAR.

¿QUÉ ES LA RECALIFICACION RAPIDA (RAPID RESCORING)?

Supongamos que solicitó una hipoteca, pero su puntaje de crédito era sólo unos pocos puntos de aterrizaje de la mejor tasa de interés posible debido a un error en su informe de crédito o un alto balance. Si intentó corregir el error o pagó el saldo, podría tardar varias semanas para que su informe de crédito se actualice a través de los canales normales.

Gracias a un proceso llamado rescoring rápido, podría potencialmente obtener la aprobación para una hipoteca a la tasa de interés más baja dentro de unos pocos días.

Si pagué una tarjeta de crédito hoy, podría aparecer en mi informe de crédito 6-8 semanas a partir de hoy.

El rescore rápido es simplemente una cuestión de proporcionar documentación a las agencias de crédito para conseguir que actualicen la información y acorten el horario normal de reporte. Una puntuación actualizada se genera normalmente en aproximadamente 72 horas.

Los originadores de préstamos miran sus informes de crédito y puntuaciones de Equifax, Experian y TransUnion, luego basan su elegibilidad y tasa de interés en su puntuación media, ignorando las puntuaciones altas y bajas. Eso significa que solo necesitaría que se recalculó la puntuación mediana en lugar de recalar los tres.

Si sus puntajes medios no son lo suficientemente buenos, su prestamista o corredor hipotecario va a tener un tiempo difícil para conseguir que calificado para un préstamo o conseguir calificado en los mejores términos. Y dado que los prestamistas hipotecarios se compensan en gran medida sobre una base de Comisión, es en su mejor interés para que usted califiquen. Además, probablemente estén muy familiarizados con lo que afecta a la puntuación de crédito.

Por lo tanto, en este punto, el objetivo es conseguir que sus informes de crédito se modifiquen, corrijan o actualicen para que sus puntuaciones de crédito mejoren lo suficiente como para obtener la calificación.

Antes de pasar por el proceso de rescore rápido, un funcionario de préstamos podría ejecutar un simulador FICO para estimar cuánto se podría mejorar su puntaje de crédito al pagar un saldo o hacer otros cambios.

El impacto de un rescore rápido varía dependiendo de qué elementos despectivos estaban en su informe de crédito, podría ahorrarle miles de dólares en intereses en el transcurso de un préstamo.

Hoy en día, puede acceder al simulador de puntuación de crédito en FICO.com y otros sitios Web. Es fundamental entender que algunos de ellos se basan en la puntuación de crédito Vantage desarrollada por las agencias de crédito 3 y algunas se basan en la puntuación FICO.

Simula escenarios de cambio de los valores de los factores de crédito, como pagos atrasados, alto límite de crédito y más tarjetas de crédito. A continuación, el árbol de decisión le guiará a través de una lista de preguntas de calificación y hacer una puntuación hipotética.

Tenga en cuenta que la puntuación no está garantizada. Sin embargo, el simulador de crédito es una buena herramienta para entender el impacto y encontrar un camino para mejorar sus puntuaciones de crédito.

Sin embargo, es importante tener en cuenta que un rescore rápido es diferente de la reparación de crédito.

Con un rescore rápido, necesitaría documentación probando que realmente terminó de pagar un alto balance o colecciones o que un artículo en su reporte de crédito fue reportado de manera inexacta.

A menos que su puntaje de crédito mediano ya sea superior a 740 (la puntuación de crédito de corte para las mejores tasas de interés), es probablemente en su mejor interés considerar un rescore rápido. "Esa puntuación baja está aumentando drásticamente el costo de la hipoteca.

El proceso que utilizan muchos prestamistas hipotecarios se denomina reelaboración rápida o actualización rápida. Es el proceso por el cual son capaces de obtener información sobre sus informes de crédito cambiado mucho más rápido que si usted fuera a intentar conseguir que cambió por su cuenta. Y, dado que los sistemas de calificación crediticia son en tiempo real, lo que significa que sus puntuaciones cambiarán a medida que cambien sus informes de crédito, cualquier modificación positiva puede significar mejores puntuaciones de inmediato.

Normalmente, los informes de crédito toman hasta 45 días para "corregir" si el consumidor va a pasar por el protocolo estándar de presentar disputas con las agencias de informes crediticios. En el caso de una solicitud de préstamo hipotecario, 45 días simplemente no es lo suficientemente bueno porque podría perder su bloqueo de tasa de interés. Ingrese un rescoring rápido, el servicio basado en honorarios ofrecido por las compañías que venden informes de crédito a sus prestamistas hipotecarios.

Por entre $25-$50 por cuenta por reporte de crédito (un costo absorbido por su prestamista hipotecario), su prestamista hipotecario puede realmente tener información cambiada/actualizada en sus informes de crédito dentro de unos pocos días en lugar de pocas semanas. Logran esto al tener acceso atípico a un equipo especializado de personas en las agencias de informes de crédito que trabajan directamente con los miembros de la industria hipotecaria para facilitar estas correcciones de informe de crédito acelerado. Por ejemplo, si tiene una tarjeta de crédito que muestra incorrectamente un saldo de $1.000 (que realmente ha pagado), su prestamista puede tener el informe de crédito actualizado para mostrar un saldo de $0 más rápido de lo que puede decir "wow, ahora sí que fue rápido."

Una vez que el proceso de actualización de sus archivos de crédito se ha completado, el prestamista hipotecario puede simplemente pedir un conjunto actualizado de informes de crédito.

Cuando los informes de crédito se vuelven a sacar de las agencias de informes de crédito, las puntuaciones de crédito FICO del solicitante tendrán en cuenta el hecho de que la tarjeta de crédito ahora tiene un saldo de $0. Y, en muchos casos, esto resultará en un mejor conjunto de puntuaciones y posiblemente una aprobación en lugar de una negación.

La impresión es que las puntuaciones del solicitante se cambiaron rápidamente, lo que no es en absoluto lo que sucedió. Todo lo que sucedió fue que los informes de crédito, que no estaban actualizados en primer lugar, se corrigieron, lo que dio lugar a un conjunto más preciso de puntuaciones de crédito. Así que, en cierto sentido, la "re-puntuación" rápida es realmente poco más que "corrección rápida" de sus archivos de crédito, y sólo una herramienta más cuando usted está tratando de averiguar cómo arreglar su crédito.

6. BANCARROTA

Personalmente me encanta la opción de bancarrota. Usted borra sus deudas y sus reparaciones de crédito muy rápidamente. Aquí está el porqué. Su crédito es una puntuación de su capacidad para pagar deudas. Si la mayor parte de su deuda ha sido aniquilada usted es digno de crédito. Lo he visto una y otra vez. Alguien con una puntuación baja reclama la bancarrota y en dos años no tienen deudas y gran crédito. Si la bancarrota funciona para usted hágalo. No se preocupe por el estigma asociado con la bancarrota. Sólo hazlo. Es un proceso bastante simple. Busque un abogado asequible que acepte pagos.

La bancarrota es una proposición aterradora. La palabra "bancarrota" suena tan ominosa. Los medios nos bombardean con pesadillas de gigantes de negocios aparentemente sólidos que van de la solidez como una roca a la quiebra. La lista de la quiebra lleva el espectro de personal a corporativo reuniendo a personajes y empresas cpmo Donald Trump con Enron.

Y las columnas de chismes nunca se cansan de sacar los trapos sucios de celebridades de la bancarrota, ya sea Gary Coleman o Mike Tyson tener que deshacerse de sus tigres mascota. Incluso podría temer que esté a unos pasos de un fracaso total. Después de todo, vivimos en una economía en la que las ofertas de tarjetas de crédito llenan a diario nuestros buzones de correo. Y vivir en deuda es una norma aceptada. Pero, ¿cómo puedes saber cuándo es hora de tirar la toalla y declarar la bancarrota?

Estas son algunas preguntas que le ayudarán a evaluar su zona de peligro financiero:

¿Solo haces pagos mínimos en tus tarjetas de crédito?

¿Los coleccionistas de facturas te llaman?
¿La idea de clasificar tus finanzas te hace sentir asustado o fuera de control?
¿Utilizas tarjetas de crédito para pagar las necesidades?
¿Está considerando la consolidación de deudas?
¿No está seguro de cuánto debe realmente?
Evalúe su situación

Si respondió que sí a dos o más de las preguntas anteriores, al menos quieredar aa su situación financiera un poco más de pensamiento. En pocas palabras, la bancarrota es cuando debes más de lo que puedes pagar.

Para determinar dónde está financieramente, inventariar todos sus activos líquidos. No olvide incluir fondos de jubilación, acciones, bonos, bienes inmuebles, vehículos, cuentas de ahorros universitarias y otros fondos que no sean de la cuenta bancaria. Sumar una estimación aproximada para cada elemento.

A continuación, recopile y agregue sus facturas y Estados de cuenta de crédito. Si el valor de sus activos es menor que la cantidad de deuda que adeuda, declarar la bancarrota puede ser una manera de salir de una situación financiera pegajosa. Sin embargo, la bancarrota no debe abordarse casualmente. Después de todo, no es una simple y fácil cura-todo para la deuda fuera de control.

COMO DECLARAR BANCARROTA

Usted puede ir a la quiebra en una de las dos formas principales. La ruta más común es presentar voluntariamente la quiebra. La segunda forma es que los acreedores piden al Tribunal que ordene a una persona en quiebra.

Hay varias maneras de presentar la bancarrota, cada una con pros y contras. Es posible que desee consultar a un abogado antes de continuar para que pueda averiguar la mejor opción para sus circunstancias.

LA BANCARROTA DE CAPITULO 7

Hay muchas razones por las que la gente está en bancarrota del capítulo 7. Probablemente no es el único, cualquiera que sea su razón. Algunas razones comunes para declararse en bancarrota son el desempleo, los grandes gastos médicos, el crédito seriamente sobreextendido y los problemas matrimoniales. Capítulo 7 se refiere a veces como una "bancarrota recta." una bancarrota del capítulo 7 liquida sus activos para pagar la mayor cantidad de su deuda como sea posible. El efectivo de sus activos se distribuye a acreedores como bancos y compañías de tarjetas de crédito.

En el plazo de cuatro meses, recibirá un aviso de alta. El registro de su bancarrota estará en su reporte de crédito por diez años. Pero incluso eso no tiene que significar la perdición. Muchos de los que se declaran en capítulo 7 han comprado casas con bancarrotas recientes en su expediente. Para muchas personas, el capítulo 7 ofrece un comienzo rápido y fresco.

Pero los quiebras del capítulo 7 no son adecuadas para todos. Casi todos los activos son tomados y vendidos para pagar a los acreedores. Si un deudor posee una empresa, un hogar familiar o cualquier otro activo personal que desea conservar, el capítulo 7 puede que no sea la mejor opción.

LA BANCARROTA DE CAPITULO 13

Para las personas que tienen propiedades que quieren mantener, la presentación de una bancarrota del capítulo 13 puede ser la mejor opción.

Una bancarrota del capítulo 13 también se conoce como una bancarrota de reorganización. Chapter13 permite a las personas pagar sus deudas durante un período de tres a cinco años. Para las personas que tienen un ingreso anual consistente y predecible, el capítulo 13 ofrece un período de gracia. Las deudas que queden al final del período de gracia se descargan.

Una vez que la bancarrota es aprobada por el Tribunal, los acreedores deben dejar de contactar al deudor. Los individuos en bancarrota pueden entonces continuar trabajando y pagando sus deudas en los próximos años, y aún así mantener su propiedad y posesiones.

Declararse en bancarrota: es aterrador, pero a veces necesario

Puede ser difícil admitir que necesita ayuda para salir de deudas, o que no puede hacerlo solo. ¡Pero por eso nuestro gobierno tiene leyes de bancarrota para proteger no sólo a los acreedores, sino a ti! Si tiene una carga de deuda nerviosa, puede ser el momento de enfrentar los hechos financieros. Tal vez usted ha estado tratando de ignorar el teléfono sonando y el montón de facturas impagadas que no desaparecen.

Sin embargo, usted podría estar haciendo un disservicio por no presentar la bancarrota. Con un buen abogado y la información correcta, la declaración de bancarrota podría darle la base financiera que necesita para empezar de nuevo. En otras palabras, tirar la toalla puede ser el principio que necesita.

LO QUE SE PUEDE DESCARTAR EN UNA BANCARROTA

Tarjetas de crédito o préstamos no garantizados.
Los embargos de automóviles y la deficiencia
Algunos accidentes automovilísticos.
Deudas de proveedores de materiales.
Facturas médicas.
Juicios y juicios.
Desalojos y alquiler sin pagar.
Facturas de servicios sin pagar.
Los saldos de ejecuciones hipotecarias

LO QUE NO SE PUEDE DESCARTAR EN UNA BANCARROTA

Impuestos y gravámenes fiscales

Los préstamos estudiantiles

Pensión alimenticia y manutención de niños

Las deudas obtenidas mediante fraude

Deudas que no programó a tiempo para permitir a los acreedores presentar pruebas de reclamo (deudas no programadas)

Deudas por fraude mientras actuaba en una capacidad fiduciaria, o por malversación o hurto

Las deudas por lesiones intencionadas y maliciosas

Deudas por multas o sanciones a las unidades gubernamentales

Deudas por juicios por muerte injusta o demandas por lesiones personales resultantes de accidentes automovilísticos, de buques o de aeronaves mientras estaba intoxicado

Honorarios o evaluaciones de asociaciones de condominios o cooperativas

COMO AFECTARA SU CRÉDITO UNA BANCARROTA

El principal problema que desalienta a la mayoría de las personas de presentar bancarrota es el efecto perjudicial que tiene en su crédito. Es cierto que una bancarrota puede permanecer en su informe de crédito por hasta diez años y que perjudica seriamente su puntuación de crédito. Sin embargo, no presentar la bancarrota y permitir que sus deudas vayan a las colecciones también afectará negativamente su crédito.

Dependiendo del tipo de bancarrota que usted presente, capítulo 7 vs capítulo 13 quiebra, su puntuación de crédito disminuirá en cualquier lugar de 160 a 220 puntos. Esto es suficiente para llevar una buena calificación crediticia a una justa o pobre. Dado que la mayoría de los prestamistas deciden si extender o no el crédito basado en su puntaje de crédito, una bancarrota hará que sea mucho más difícil calificar para un préstamo de auto o casa o tarjetas de crédito.

El remedio principal para esto es el tiempo, aunque hay medidas adicionales que puede tomar para mejorar positivamente su informe de crédito y puntuación. En última instancia, si usted gestiona sus nuevas deudas bien, su puntuación aumentará gradualmente, y con el tiempo usted será capaz de llevar a cabo su vida financiera con éxito, incluso si la bancarrota aún no ha dejado de su informe.

POR CUANTO TIEMPO AFECTA SU CRÉDITO UNA BANCARROTA

La bancarrota en sí y las deudas asociadas con la bancarrota se mostrarán de manera diferente en su informe de crédito. Una bancarrota completa del capítulo 13 se quedaría en su reporte por hasta siete años, y las deudas descargadas también se quedarán en el reporte hasta siete años después de que sean dados de alta. Dado que muchas deudas permanecerán activas en una quiebra del capítulo 13 hasta el final de un plan de pago de tres a cinco años, las deudas que fueron dadas de baja podrían permanecer en el informe más tiempo que la propia bancarrota.

Una bancarrota completa del capítulo 7 se alojará en su informe de crédito por hasta diez años. Por otra parte, debido a que todas las deudas asociadas con una bancarrota del capítulo 7 se descargan dentro de unos meses de la presentación, deben dejar el informe unos años antes de la propia bancarrota. En general, la deuda descargada cae de un informe de crédito después de 7 años.

Básicamente, a medida que los artículos de su informe asociados con la bancarrota envejecen, tendrán menos y menos efecto en su puntuación de crédito. Esto, por cierto, puede hablar de la puntualidad de la presentación de la bancarrota en lugar de dejar que las cuentas de las colecciones persistir y luego presentar más tarde.

NO CONSOLIDE SUS DEUDAS

Personalmente odio estas compañías de consulta de deudas, **NO LAS USE. NO FUNCIONA.**

Mito: la consolidación de deudas ahorra interés y usted tiene un pago más pequeño.

Realidad: la consolidación de deudas es peligrosa porque solo se trata el síntoma.

La consolidación de la deuda no es más que un "con" porque usted piensa que usted ha hecho algo sobre el problema de la deuda. La deuda sigue ahí, al igual que los hábitos que la causaron, ¡acabas de trasladarla! No puedes tomar prestado tu forma de salir de deudas. No puedes salir de un hoyo cavando el fondo. La verdadera ayuda de la deuda no es rápida ni fácil.

Un amigo mío trabaja para una empresa de consolidación de deudas cuyas estadísticas internas estiman que el 78% de las veces, después de que alguien consolida su deuda de tarjeta de crédito, la deuda vuelve a crecer. ¿por qué? Todavía no tiene un plan de juego para pagar en efectivo o no comprar en absoluto. También no ha guardado para "eventos inesperados" que también se convertirá en deuda.

La consolidación de la deuda parece atractiva porque hay una tasa de interés más baja en parte de la deuda y un pago más bajo. Sin embargo, en casi todos los casos que revisamos, nos encontramos con que el pago más bajo existe no porque la tasa es realmente inferior, sino porque el término se amplía. Si se queda en deuda por más tiempo, obtiene un pago más bajo, pero si se queda en deuda por más tiempo, usted paga al prestamista más, razón por la cual están en el negocio de consolidación de deudas.

Ejemplo de consolidación de deudas

Por ejemplo, supongamos que tiene $30,000 en deudas sin garantía, incluyendo un préstamo de dos años para $10,000 al 12%, y un préstamo de cuatro años para $20,000 al 10%. Su pago mensual en el préstamo $10,000 es $517 y $583 en el préstamo $20,000, para un pago total de $1,100 por mes. La empresa de consolidación de deudas le dice que han podido reducir su pago a $640 por mes y su tasa de interés al 9% negociando con sus acreedores y rodando los préstamos juntos en uno. Suena genial, ¿no? ¿Quién no querría pagar $460 menos por mes en pagos?

Pero no le dicen que ahora le tomará seis años pagar el préstamo. Esto puede no sonar tan mal para usted al principio a menos que usted se da cuenta de cuánto más usted realmente pagará en pagos adicionales. Ahora pagará $46,080 para pagar el nuevo préstamo frente a $40,392 para los préstamos originales, incluso con la tasa de interés más baja del 9%. Esto significa que pagó $5,688 más por el "pago más bajo." no es un buen trato después de todo. Este ejemplo muestra por qué están en el negocio, porque hacen dinero de usted.

7. ATACANDO AL ENEMIGO

CONSIGA SUS ESPIAS (SEGUIMIENTO DEL CRÉDITO)

Recuerde que esto es una guerra.

Puede obtener una copia de los tres informes aquí, pero NO OBTENGA SUS INFORMES AQUÍ

www.annualcreditreport.com

Si utiliza este sitio, las agencias de crédito tienen 45 en lugar de 30 días para responder.

Usted necesita esta línea de tiempo a su ventaja.

JAMAS USE ANNUALCREDITREPORT.COM

LO REPITO, JAMAS USE ESTE SITIO:

www.annualcreditreport.com

¿QUÉ ES EL SEGUIMIENTO DEL CRÉDITO?

El seguimiento de crédito es un servicio que actúa como un vigilante sobre su archivo de crédito y le notifica de cualquier cambio importante en él para que se le avise rápidamente de cualquier fraude en sus cuentas. Debido a que las actividades de los estafadores que abren cuentas en su nombre se mostrarán primero en su informe de crédito en un plazo de 30 días, especialmente cuando no pueden realizar pagos en cuentas fraudulentas a su nombre, el seguimiento de crédito es útil para detectar fraudes en sus cuentas. El problema con el seguimiento de crédito es que sólo atrapa el robo una vez que sus cuentas ya han sido hackeadas o utilizadas fraudulentamente y por lo que no puede proteger sus cuentas de fraude o piratería.

Mantener las pestañas en sus cuentas de crédito también puede mostrarle su progreso al tratar de reparar o construir su crédito, por lo que el seguimiento de crédito también es muy útil para saber dónde se encuentra su crédito

Usted necesita dar seguimiento a su crédito para que pueda ver su progreso con la reparación de crédito.

Ahora recuerde que tiene 3 puntuaciones FICO

SEGUIMIENTO A TRANSUNION Y EQUIFAX

Aquí están los dos espías que necesita. Ahora usted será capaz de dar seguimiento lo que las tres de sus puntuaciones están haciendo a tiempo real. Esto es una necesidad absoluta.

Puede acceder a su Trans Union y Equifax. FICO Score gratis en **www.CreditKarma.com.**

Hacen el cálculo utilizando el modelo Vantage score 3,0, estas puntuaciones oscilan entre 300 y 850

¿Por qué utilizar CreditKarma.com?

Credit Karma es siempre 100% gratis.

¿Cuál es el truco?

Puede que se pregunte: "si Credit karma es realmente gratis, ¿cómo hacen dinero? ¿Venden mi información?" No. Tenga la seguridad de que no hacen dinero vendiendo su información. Está en contra de su política de privacidad

¿Van a ser bombardeados con anuncios?" En pocas partes, generan ingresos a través de socios publicitarios, pero puede que no sea el tipo de publicidad que imaginas. Más bien, su objetivo es proporcionar ofertas personalizadas que puedan ser útiles para usted en función de su situación crediticia actual.

Las recomendaciones de Credit karma se basan en poderosos algoritmos que encuentran productos basados en su perfil de crédito.

Estas ofertas pueden incluir opciones de refinanciación si parece que usted podría estar pagando demasiado por un préstamo, o tarjetas de crédito que podrían ayudarle a optimizar sus ahorros y ganancias (sólo para nombrar unos pocos).

Usted nunca está bajo ninguna obligación de tomar sus ofertas.

Hágase un favor y Regístrese hoy.

SEGUIMIENTO A EXPERIAN

Puede acceder a su informe Experian y anotar aquí.
http://www.experian.com/

Precio de lanzamiento de $4.95 para su primer mes de acceso, a continuación, sólo $19.95 cada mes adicional. Cancelar en cualquier momento si no está satisfecho.

Puntaje de crédito calculado basado en el modelo FICO® Score 8.

Score 8, están diseñados para predecir el... las versiones oscilan entre 250-900 (comparado con 300-850 para la base FICO® scores

Conserve este servicio hasta que se limpie su crédito.

Tenga en cuenta las puntuaciones de la industria

Experian
Regular-FICO® Score 8
Préstamos automáticos-FICO® auto score 8
Tarjetas de crédito-FICO® Bankcard puntuación 8
Hipoteca-FICO® Score 2

Equifax
Regular-FICO® Score 8
Préstamos automáticos-FICO® auto score 8
Tarjetas de crédito-FICO® Bankcard puntuación 8
Hipoteca-FICO® Score 5

Transunion
Regular-FICO® Score 8
Préstamos automáticos-FICO® auto score 8
Tarjetas de crédito-FICO® Bankcard puntuación 8
Hipoteca-FICO® Score 4

8. LOS ESPIAS PUEDEN SER TRAIDORES

Las tres principales agencias de crédito tienen acuerdos de arbitraje en sus condiciones de uso,

Eso significa que si compra su informe de crédito en línea y encuentra un error en él, todavía puede disputar el error. Sin embargo, si no está de acuerdo con la forma en que la oficina de crédito gestionó la disputa y desea llevar a la oficina ante un tribunal, la oficina de crédito puede presionar legalmente la cláusula de arbitraje y obligarlo a renunciar a su derecho a argumentar su caso ante un jurado.

Eso puede hacer que sea mucho más difícil probar su caso y ganar daños sustanciales si usted ha sido perjudicado financieramente, decir abogados de consumo.

En el arbitraje, su queja será tratada por un árbitro individual, designado de una asociación de arbitraje elegida por la oficina de crédito, y será únicamente hasta el árbitro para decidir su caso. Si no está de acuerdo con la decisión del árbitro, no se le permite apelar.

Las cláusulas de arbitraje forzoso nunca ayudan al consumidor.

Sólo ayudan al negocio que hace algo malo.

Usted TIENE QUE enviar una carta de renuncia a la Agencia de crédito dentro de 30 a 60 días de recibir el reporte.

TÉRMINOS DE SERVICIO DE ARBITRAJE FORZASO DE TRANSUNION

AQUÍ ESTÁ LO QUE TRANSUNION ESCABULLE EN SUS TÉRMINOS DE USO:

ACUERDO PARA RESOLVER DISPUTAS POR ARBITRAJE INDIVIDUAL VINCULANTE

ESTA SECCIÓN ES UN ACUERDO PARA ARBITRAR DISPUTAS ("ACUERDO DE ARBITRAJE") QUE PUEDEN SURGIR COMO RESULTADO DE SUS MEMBRESÍAS, PRODUCTOS O SERVICIOS INTERACTIVOS DE TRANSUNION O DEL ACUERDO. LEA ATENTAMENTE ESTA SECCIÓN. USTED ENTIENDE Y ACEPTA QUE AMBAS PARTES TENDRÍAN DERECHO A LITIGAR DISPUTAS A TRAVÉS DE UN TRIBUNAL Y QUE UN JUEZ O JURADO DECIDIRÁ SU CASO, PERO AMBAS PARTES, AL CELEBRAR ESTE ACUERDO, DECIDEN RESOLVER CUALQUIER DISPUTA A TRAVÉS DE UNA PERSONA VINCULANTE Arbitraje. OTROS DERECHOS QUE USTED TENDRÍA SI FUERA A LA CORTE PUEDEN NO ESTAR DISPONIBLES O SER MÁS LIMITADOS EN EL ARBITRAJE, INCLUYENDO SU DERECHO A APELAR.

DERECHO A RECHAZAR EL ARBITRAJE

USTED TIENE EL DERECHO DE RECHAZAR ESTE ACUERDO DE ARBITRAJE, PERO DEBE EJERCER ESTE DERECHO DE INMEDIATO. Debe notificarnos por escrito dentro de 60 (60) días después de la fecha en que haga clic en "Aceptar" el acuerdo. Debe enviar su solicitud a: TransUnion interactivo, 100 Cross Street, Suite 202, San Luis Obispo, CA 93401. Esta solicitud debe incluir su nombre de usuario actual y una declaración clara de su intención, como "rechazo la cláusula de arbitraje en el acuerdo de servicio interactivo TransUnion."

TÉRMINOS DE SERVICIO DE ARBITRAJE FORZOSO DE EQUIFAX

AQUÍ ESTÁ LO QUE EQUIFAX ESCABULLE EN SUS CONDICIONES DE USO:

ACUERDO PARA RESOLVER TODAS LAS DISPUTAS MEDIANTE ARBITRAJE INDIVIDUAL VINCULANTE. LEA DETENIDAMENTE ESTA SECCIÓN COMPLETA, YA QUE AFECTA A SUS DERECHOS LEGALES. ESTA SECCIÓN ESTIPULA QUE, SALVO QUE SE DISPONGA A CONTINUACIÓN, TODAS LAS RECLAMACIONES O DISPUTAS ENTRE USTED Y NOSOTROS SE RESOLVERÁN MEDIANTE ARBITRAJE VINCULANTE ANTE UN ÁRBITRO NEUTRAL QUE SUSTITUYA EL DERECHO A ACUDIR A UN TRIBUNAL Y PUEDE LIMITAR SUS DERECHOS DE DESCUBRIMIENTO O APELACIÓN. ADEMÁS, DISPONE QUE USTED NO PODRÁ INTERPONER UNA DEMANDA COLECTIVA U OTRA ACCIÓN REPRESENTATIVA EN EL TRIBUNAL, NI PODRÁ PRESENTAR NINGUNA RECLAMACIÓN EN ARBITRAJE COMO ACCIÓN COLECTIVA U OTRA ACCIÓN REPRESENTATIVA. USTED NO SERÁ CAPAZ DE SER PARTE DE NINGUNA ACCIÓN COLECTIVA U OTRA ACCIÓN REPRESENTATIVA PRESENTADA POR CUALQUIER OTRA PERSONA.

Arbitraje vinculante. Usted o Equifax pueden, sin el consentimiento del otro, elegir el arbitraje obligatorio y vinculante de cualquier reclamo (según se define a continuación) planteado por usted o Equifax contra el otro. Como se utiliza en esta disposición de arbitraje, el término "reclamar" o "reclamos" significa cualquier reclamo, disputa o controversia entre usted y nosotros con respecto a cualquier aspecto de su relación con Equifax, incluyendo pero no limitado a cualquier reclamo que surja de estos términos de uso o derivada de su uso de los productos o de este sitio o de cualquier información que reciba de nosotros, ya sea basada en el contrato, estatuto, ley común, regulación, ordenanza, agravio, o cualquier otra teoría legal o equitativa, independientemente de qué remedio se solicita. Adicionalmente, para los propósitos de esta disposición de arbitraje "Equifax" o "US" incluirá proveedores de Equifax, padres, subsidiarias, afiliados, sucesores, cesionarios, empleados, agentes y cualquier tercero que proporcione productos, servicios o beneficios en conexión con un producto proporcionado a usted. El término "reclamar" tendrá la construcción más amplia posible. Si usted o Nosotros elegimos el arbitraje, el arbitraje se llevará a cabo como un arbitraje individual. Ni usted ni nosotros autorizas o acordamos ningún arbitraje en una clase o representante, y el árbitro no tendrá autoridad para proceder con el arbitraje en una clase o representante. Ningún arbitraje se consolidará con ningún otro procedimiento de arbitraje sin el consentimiento de todas las partes. Esta disposición de arbitraje se aplica e incluye cualquier reclamo hecho y remedios buscados como parte de cualquier acción colectiva, acción general de abogado privado, u otra acción representativa. Al aceptar presentar sus reclamos al arbitraje, perderá su derecho a compartir cualquier premio de acción colectiva, incluidas las reclamaciones de clase en las que una clase aún no haya sido certificada, incluso si los hechos y circunstancias en que se basan las reclamaciones ya ocurrieron o existieron. Como una excepción a la disposición de arbitraje, usted conserva el derecho a perseguir en el Tribunal de reclamos menores cualquier reclamo que se encuentre dentro de la jurisdicción de ese tribunal y proceder de forma individual.

Derecho a excluirse de esta disposición de arbitraje. SI NO DESEA SOMETERSE A LA CLÁUSULA DE ARBITRAJE, TIENE DERECHO A EXCLUIRSE. La exclusión voluntaria de la disposición de arbitraje no tendrá ningún efecto adverso en su relación con Equifax o la entrega de productos a usted por Equifax. Para excluirse de la disposición de arbitraje, debe notificar por escrito a Equifax en un plazo de 30 días a partir de la fecha en que acepte por primera vez estos términos de uso en el sitio (para los productos comprados en Equifax en el sitio). Si adquirió su producto en lugar de hacerlo en el sitio y, por lo tanto, estos términos de uso se enviaron por correo, se enviaron por correo electrónico o se le entregaron de otro modo, deberá notificar a Equifax por escrito dentro de los 30 días siguientes a la fecha en que reciba los términos de uso. Puede optar por no participar escribiendo a Equifax Consumer Services LLC, Attn.: arbitraje opt-out, P.O. Box 105496, Atlanta, GA 30348. Su notificación por escrito a Equifax debe incluir su nombre, dirección y ID de usuario de Equifax, así como una declaración clara de que no desea resolver disputas con Equifax a través del arbitraje.

TÉRMINOS DE SERVICIO DE ARBITRAJE FORZOSO DE EXPERIAN

AÍ ESTÁ LO QUE EXPERIAN ESCABULLE EN SUS TÉRMINOS DE USO:

RESOLUCIÓN DE DISPUTAS POR ARBITRAJE VINCULANTE
POR FAVOR LEA ATENTAMENTE. AFECTA A SUS DERECHOS.

Resumen:

LA MAYORÍA DE LAS INQUIETUDES DE LOS CLIENTES PUEDEN RESOLVERSE RÁPIDAMENTE Y A SATISFACCIÓN DEL CLIENTE LLAMANDO AL DEPARTAMENTO DE SERVICIO AL CLIENTE DE CIC AL 1-877-284-7942. EN EL IMPROBABLE CASO DE QUE EL DEPARTAMENTO DE ATENCIÓN AL CLIENTE DE CIC NO PUEDA RESOLVER UNA QUEJA QUE PUEDA TENER CON RESPECTO AL SERVICIO, SITIO WEB DE SERVICIO O SU CONTENIDO A SU SATISFACCIÓN (O SI CIC NO HA PODIDO RESOLVER UNA DISPUTA QUE TIENE CON USTED DESPUÉS DE INTENTAR HACER ASÍ QUE INFORMALMENTE), CADA UNO DE NOSOTROS ACEPTA RESOLVER ESAS DISPUTAS A TRAVÉS DE ARBITRAJE VINCULANTE O TRIBUNAL DE RECLAMOS MENORES EN LUGAR DE EN TRIBUNALES DE JURISDICCIÓN GENERAL EN LA MÁXIMA MEDIDA PERMITIDA POR LA LEY. EL ARBITRAJE ES MÁS INFORMAL QUE UNA DEMANDA EN EL TRIBUNAL. EL ARBITRAJE UTILIZA UN ÁRBITRO NEUTRAL EN LUGAR DE UN JUEZ O JURADO, PERMITE UN DESCUBRIMIENTO MÁS LIMITADO QUE EN EL TRIBUNAL, Y ESTÁ SUJETO A UNA

REVISIÓN MUY LIMITADA POR PARTE DE LOS TRIBUNALES. LOS ÁRBITROS PUEDEN OTORGAR EL MISMO DAÑO Y ALIVIO QUE UN TRIBUNAL PUEDE ADJUDICAR. CUALQUIER ARBITRAJE BAJO ESTE ACUERDO SE LLEVARÁ A CABO DE FORMA INDIVIDUAL; NO SE PERMITEN ARBITRAJES DE CLASE NI ACCIONES DE CLASE. EL CIC PAGARÁ TODOS LOS COSTOS DEL ARBITRAJE, SIN IMPORTAR QUIÉN GANE, SIEMPRE Y CUANDO SU RECLAMO NO SEA FRÍVOLO. SIN EMBARGO, EN EL ARBITRAJE, TANTO USTED COMO CIC TENDRÁN DERECHO A RECUPERAR LOS HONORARIOS DE LOS ABOGADOS DE LA OTRA PARTE EN LA MISMA MEDIDA EN QUE USTED ESTARÍA EN EL TRIBUNAL.

Acuerdo de arbitraje:

(a) CIC y usted acuerdan arbitrar todas las disputas y reclamos entre nosotros que surjan de este acuerdo directamente relacionados con el servicio, sitio web de servicio, o su contenido, excepto cualquier disputa o reclamo que bajo la ley aplicable no están sujetos a arbitraje. Este acuerdo de arbitraje está destinado a ser ampliamente interpretado y a hacer todas las disputas y reclamos entre nosotros directamente relacionados con la provisión del servicio, su uso del sitio web del servicio, o su contenido sujeto a arbitraje en la máxima medida permitida por Ley. Sin embargo, para evitar dudas, cualquier disputa que pueda tener con nosotros que surja de la ley de informes de crédito justos ("FCRA ") relacionada con la información contenida en su divulgación o reporte del consumidor, incluyendo pero no limitado a reclamos por supuestas inexactitudes, no se regirá por este acuerdo para arbitrar. El acuerdo para arbitrar de otra manera incluye, pero no se limita a:

reclamaciones derivadas de o relacionadas con cualquier aspecto de la relación entre nosotros que surja del servicio, sitio web de servicio, o su contenido, ya sea basado en contrato, agravio, estatuto (incluyendo, sin limitación, la ley de organizaciones de reparación de crédito) fraude, tergiversación o cualquier otra teoría legal; reclamos que surgieron antes de este o cualquier acuerdo anterior (incluyendo, pero no limitado a, reclamos relacionados con la publicidad); reclamaciones que actualmente son objeto de supuestos litigios de acción colectiva en los que no es miembro de una clase certificada; y reclamos que puedan surgir después de la terminación de este acuerdo.

Para efectos de esta disposición de arbitraje, las referencias a "CIC," "You," y "US" incluirán nuestras respectivas entidades matrices, subsidiarias, afiliadas, agentes, empleados, predecesores en interés, sucesores y cesionarios, sitios web de lo anterior, como así como todos los usuarios autorizados o no autorizados o beneficiarios de servicios, productos o información bajo este o acuerdos previos entre nosotros relacionados con el servicio, sitio web de servicio, o su contenido. No obstante lo anterior, cualquiera de las partes puede interponer una acción individual en un tribunal de reclamos menores. Usted acepta que, al celebrar este acuerdo, usted y CIC renuncian al derecho a un juicio por jurado o a participar en una demanda colectiva. Este acuerdo evidencia una transacción en el comercio interestatal, y por lo tanto la ley federal de arbitraje rige la interpretación y la ejecución de esta disposición de arbitraje. Esta disposición de arbitraje sobrevivirá a la terminación de este acuerdo.

(b) una parte que pretenda solicitar un arbitraje debe enviar primero al otro, por correo certificado, una notificación de disputa ("notificación"). El aviso a CIC debe dirigirse a: General Counsel, Experian, 475 Anton Boulevard, Costa Mesa, CA 92626 ("dirección de notificación ' '). El aviso debe describir la naturaleza y la base de la reclamación o disputa y establecer el alivio específico que usted busca de CIC ("demanda"). Si CIC y usted no llegan a un acuerdo para resolver la reclamación dentro de los 30 días posteriores a la recepción de la notificación, usted o CIC pueden iniciar un procedimiento de arbitraje. Durante el arbitraje, el monto de cualquier oferta de acuerdo realizada por CIC o usted no será divulgado al árbitro hasta después de que el árbitro determine la cantidad, si la hubiera, a la que usted o CIC tienen derecho.

Puede obtener más información sobre el arbitraje en www.adr.org.

(c) después de que CIC reciba una notificación en la dirección de notificación de que ha comenzado el arbitraje, le reembolsará de inmediato el pago de la cuota de presentación. (La tasa de presentación es actualmente $200 para reclamos bajo $10,000, pero está sujeta a cambios por el proveedor de arbitraje. Si no puede pagar este cargo, CIC lo pagará directamente al recibir una solicitud por escrito en la dirección de notificación.) El arbitraje se regirá por los procedimientos de resolución de disputas comerciales y los procedimientos complementarios para disputas relacionadas con el consumidor (colectivamente, "reglas AAA ") de la Asociación Americana de arbitraje ("AAA "), según lo modificado por este acuerdo, y será administrado por la AAA. Si la AAA no está disponible o se niega a arbitrar la disputa de las partes por cualquier razón, el arbitraje será administrado y conducido por una organización de arbitraje ampliamente reconocida que es mutuamente aceptable para las partes, pero ninguna de las partes deberá retener injustificadamente su consentimiento. Si las partes no pueden aceptar una organización de arbitraje mutuamente aceptable, uno será nombrado de conformidad con la sección 5 de la ley federal de arbitraje. En todos los eventos, las reglas de la AAA regirán la disputa de las partes. Las reglas de la AAA están disponibles en línea en www.adr.org, llamando a la AAA al 1-800-778-7879, o escribiendo a la dirección de notificación.

Todas las cuestiones son para que el árbitro decida, incluyendo el alcance y aplicabilidad de esta disposición de arbitraje, así como los otros términos y condiciones del acuerdo, y el árbitro tendrá autoridad exclusiva para resolver cualquier disputa relacionada con el alcance y aplicabilidad de esta disposición de arbitraje o cualquier otro término de este acuerdo, incluyendo, pero no limitado a, cualquier reclamo de que toda o parte de esta disposición de arbitraje o acuerdo es nulo o anulable. El árbitro estará obligado por los términos de este acuerdo. A menos que CIC y usted acuerden lo contrario, cualquier audiencia de arbitraje tendrá lugar en el Condado (o parroquia) de su dirección de facturación. Si su reclamo es por $10,000 o menos, estamos de acuerdo en que usted puede elegir si el arbitraje se llevará a cabo únicamente sobre la base de los documentos presentados al árbitro, a través de una audiencia telefónica, o por una audiencia en persona según lo establecido por las reglas de la AAA. Si su reclamo excede $10,000, el derecho a una audiencia será determinado por las reglas de la AAA. Salvo que se disponga lo contrario en el presente documento, CIC pagará todas las tasas de presentación, administración y árbitros de la AAA por cualquier arbitraje iniciado de acuerdo con los requisitos de notificación anteriores. Sin embargo, si el árbitro considera que la sustancia de su reclamo o el alivio buscado en la demanda es frívolo o se lo traen para un propósito inadecuado (según lo medido por las normas establecidas en la regla federal de procedimiento civil 11 (b), entonces el pago de todos esos honorarios se regirá por las reglas de la AAA. En tal caso, usted acuerda reembolsar a CIC por todo el dinero desembolsado previamente por él que de otra manera sea su obligación de pagar bajo las reglas de la AAA.

(d) el árbitro puede tomar decisiones y resolver disputas en cuanto al pago y reembolso de honorarios y gastos en cualquier momento durante el procedimiento o en la adjudicación final, de conformidad con la ley aplicable y las reglas de la AAA.

(e) el descubrimiento y/o el intercambio de información no privilegiada relevante para la disputa se regirá por las reglas de la AAA.

(f) usted y CIC acuerdan que cada uno de ellos puede presentar reclamos contra el otro solo en su capacidad INDIVIDUAL, y no como demandante o miembro de la clase en ningún procedimiento representativo de clase o representante. Además, a menos que usted y CIC acuerden lo contrario, el árbitro no podrá consolidar las reclamaciones de más de una persona, y no podrá presidir ninguna forma de procedimiento representativo o de clase. El árbitro puede otorgar medidas cautelares sólo a favor de la parte individual que busca alivio y sólo en la medida necesaria para proporcionar la compensación justificada por la reclamación individual de esa parte. Si se considera que este apartado (f) específico no es ejecutable, la totalidad de esta disposición de arbitraje será nula y sin efecto.

(g) a pesar de cualquier disposición en este acuerdo de lo contrario, acordamos que si CIC hace cualquier cambio a esta disposición de arbitraje (que no sea un cambio en la dirección de notificación) durante su membresía en cualquier SEGUIMIENTO de crédito u otro producto, usted puede rechazar cualquier dicho cambio y exigir a CIC que se adhiera al idioma de esta disposición si surge una disputa entre nosotros con respecto a dicho producto de membresía.

EXCLUSION DE ARBITRAJE FORZADO (OPT OUT)

Opte por excluirse ahora para que pueda ir al jurado si tiene que hacerlo. Esto también hace que sean reales sus amenazas de demandar. Si usted amenaza con demandar pero no ha enviado su carta de exclusión (Opt Out), usted no tiene esa opción.

Esto es lo que tiene que hacer:
Envíe la carta que le proporcioné
Adjunte el formulario de identificación
Fírmelo ante notario (Notary Public)
Envíelo por correo certificado con acuse de recibo
Conserve las copias y conserve el recibo postal

DOCUMENTO DE IDENTIFICACION

Copia de su licencia de conducir

Factura de servicios con su nombre y dirección

Talón de cheque de pago de nómna con su nombre y dirección

I declare under penalty of perjury (under the laws of the United States of America) that this identification provide is me

Name:_____ l

Signature

Date

En la parte inferior de este "documento de identidad"
"declaro bajo pena de perjurio (bajo las leyes de los Estados Unidos de América) que esta identificación me proporciona

Fulano Detal

Firma

Fecha"

EN INGLES:

I declare under penalty of perjury (under the laws of the United States of America) that this identification provide is me

Fulano Detal

Signature

Date

CARTA DE OPTAR POR EXCLUSION (OPT OUT LETTER)

Nombre
Dirección
Ciudad, estado
Zip
SSN: 000-00-0000 | DOB: 1/1/1970
ID de usuario:
(Este es su ID de usuario para su cuenta TransUnion o Equifax o Experian)

AGENCIA DE INFORMES DE CRÉDITO
PO BOX ADDRESS
CIUDAD, ESTADO
Código postal

He comprado recientemente un informe de crédito de (TransUnion Equifax Experian) por favor, utilice esta carta escrita como confirmación de que por la presente excluyo y no deseo resolver disputas con Equifax a través de arbitraje.

Una vez más: rechazo la cláusula de arbitraje en el acuerdo de servicio interactivo TransUnion.

Gracias por anotar mi cuenta.

{SU NOMBRE AQUÍ}
Firma: _ _ _
Date: _ _ _ _

EN testimonio de lo cual, dicho partido ha firmado y sellado estos regalos el día y el año primero escrito. Firmado, sellado y entregado en presencia de:

{Imprima su nombre aquí} _ _ _} _ firma
ESTADO DE
COUNTY OF

Por la presente Certifico que en este día antes de mí, un oficial debidamente calificado para tomar reconocimientos, apareció personalmente

{SU nombre aquí}, que ha producido la identificación y que ejecutó el instrumento anterior y él/ella reconoció ante mí que él/ella ejecutó el mismo.

TESTIGO de mi mano y el sello oficial en el condado y el estado se previó este día de _ _ _-2019.

_ _ _ _ _
Nombre impreso
Mi Comisión caduca:
---------------------Fin de la carta.

Por supuesto, los documentos que usted presente deberán esrae escritos en inglés. A continuación le muestro el documento en inglés:

EN INGLES:

Your Name
Address
City, State
Zip
SSN: 000-00-0000 | DOB: 1/1/1970
User ID:
(This is your user Id for your TransUnion or Equifax or Experian account)
CREDIT REPORTING AGENCY
PO BOX ADDRESS
CITY, STATE
ZIP CODE

I have recently purchased a credit report from (TransUnion Equifax Experian) Please use this written letter as confirmation that I hereby Opt out and do not wish to resolve disputes with Equifax through arbitration.

Again: I reject the arbitration clause in the TransUnion Interactive Service Agreement.

Thank you for noting my account.

{YOUR NAME HERE}
Signature:_____
Date: _____

IN WITNESS WHEREOF, the said party has signed and sealed these presents the day and year first above written. Signed, sealed and delivered in the presence of:
{PRINT YOUR NAME HERE}
_____ Signature

STATE OF
COUNTY OF
I HEREBY CERTIFY that on this day before me, an officer duly qualified to take acknowledgments, personally appeared { YOUR NAME HERE }, who has produced _____ as identification and who executed the foregoing instrument and he/she acknowledged before me that he/she executed the same.

WITNESS my hand and official seal in the County and State aforesaid this _____ day of _____2016.

_____ Notary Public
Printed Name
My commission expires:

FIRME ANTE NOTARIO

Ahora usted necesita firmar la(s) carta(s) ante notario. Agregará una copia de su tarjeta de seguro social y licencia de conducir (o pasaporte) para la prueba de su identidad e ir a un notario público. NO FIRME LAS CARTAS HASTA QUE VAYA AL NOTARIO Y LE DIGA QUE LA FIRME.

DIRECCIONES A DONDE ENVIAR LAS CARTAS DE EXCLUSION (Opt Out)

Para optar por exclusióm (OptOut) debe de enviar la(s) carta(s) a:

Experian Consumer Services
Attn.: Arbitration Opt-Out
475 Anton Boulevard,
Costa Mesa, CA 92626

Equifax Consumer Services LLC,
Attn.: Arbitration Opt-Out,
P.O. Box 105496,
Atlanta, GA 30348

TransUnion Interactive
Attn.: Arbitration Opt-Out,
100 Cross Street, Suite 202,
San Luis Obispo, CA 93401.

HAGA SEGUIMIENTO DE SUS CARTAS

Ahora sus cartas están listas para enviar. Usted enviará su carta con el rastreo de correo prioritario(Priority Mail). Guarde el número de rastreo (Tracking Number). Esta es su prueba de que la CRA recibe su carta (s).

Esto es una necesidad absoluta.

Presentar todos sus documentos.

9. LECTURA DE SUS INFORMES

Ahora vamos a iniciar sesión en su cuenta de **creditkarma.com**. Esto es lo que verá.

Report Date: April 25, 2019

Report Date: April 25, 2019

Ahora vamos a hacer clic en su informe de crédito TransUnion

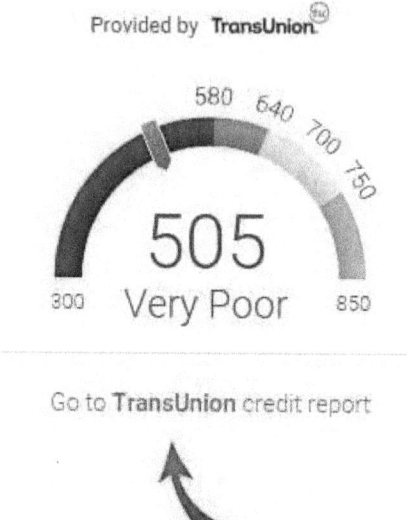

Ahora vamos a hacer click en su informe de crédito Trans Union

DESGLOSE DEL INFORME

Mezcla de Cuentas	8
Inmobiliaria	6
Auto	1
Estudiante	0
Otros préstamos	1
Total de cuentas	16

Ahora, obviamente, su informe va a parecer diferente, pero aquí está el desglose de las cuentas.

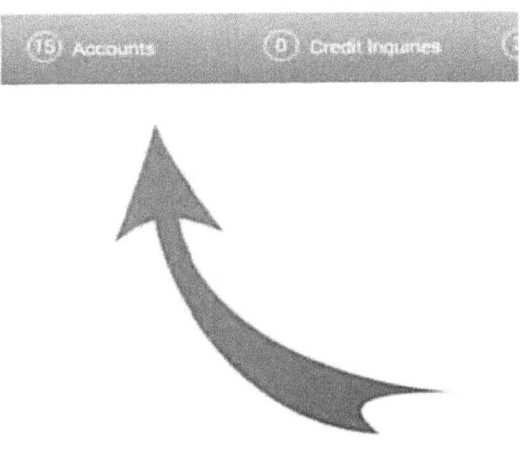

Ahora haga click en ACCOUNTS

EJEMPLOS DE CUENTAS (En inglés, tal y cómo son presentadas)

Account Name
Account Type

Open Date

Status

Balance

ACCRED HOME
Mortgage

Nov 23, 2004

Closed
No Missed Payments

$0

AMC MTG SVCS

Mortgage

Nov 08, 2005

Closed
No Missed Payments

$0

AURORA BANK
Mortgage

Jul 19, 2006

Closed

$0

BK OF AMER
Credit Card

Nov 02, 2001

Closed

$7,808

BK OF AMER
Credit Card

Jun 01, 2007

Closed
No Missed Payments

$0

BK OF AMER
Credit Card

Feb 26, 2007

Closed

$38,331

BK OF AMER
Credit Card

Oct 19, 2001

Closed

$7,481

EJEMPLO 1 DE CUENTA ESPECIFICA

Al hacerr click en una cuenta específica:

Account Details	
Last Reported	Jun 02, 2006
Creditor Name	ACCRED HOME
Account Type	Conventional Real Estate Mortgage
Account Status	Closed
Opened Date	Nov 23, 2004
Closed Date	Jun 02, 2006
Limit	--
Term	360 Months
Monthly Payment	$3,810
Responsibility	Individual
Balance	$0
Highest Balance	$572,000
Payment Status	Current

GUÍA PARA LA REPARACIÓN RÁPIDA DEL CRÉDITO - USA
www.credito-usa.com

Worst Payment Status

Current

Date of Last Payment

May 10, 2006

Amount Past Due

$0

Times 30/60/90 Days Late

0/0/0

Remarks

Closed

Payment History

2006 OK OK OK OK OK

2005 OK OK OK OK OK OK OK OK OK OK OK OK

2004   OK OK

    J F M A M J J A S O N D

Creditor Contact Details
ACCREDITED HOME LENDERS
16550 W BERNARDO D 1
SAN DIEGO, CA
92127
(877) 683-4466
<u>Direct Dispute</u>

EJEMPLO 2 DE CUENTA ESPECIFICA

He aquí otro ejemplo:

Account Details
Last Reported
    Jan 16, 2016

Creditor Name
    BK OF AMER

Account Type
    Credit Card

Account Status
    Closed – Derogatory

Opened Date
    Nov 02, 2001

Closed Date
    Jun 06, 2009

Limit
    $6,500

Term
    --

Monthly Payment
    $0

Responsibility
    Individual

Balance
    $7,808

Highest Balance
    $7,808

Payment Status
    Collection/Charge-Off

Worst Payment Status

Unknown

Date of Last Payment

Mar 02, 2009

Amount Past Due

$1,633

Times 30/60/90 Days Late

0/0/0

Remarks

Charged off as bad debt
Dismissed

Payment History
No payment history has been reported by this creditor.
Credit Utilization*
120.12%
Creditor Contact Details
BANK OF AMERICA
PO BOX 982238
EL PASO, TX
79998
(800) 421-2110
<u>Direct Dispute</u>

EJEMPLO 3 DE CUENTA ESPECIFICA

CMRE FINANCIAL SERVICES
MED1 02 MEDICAL PAYMENT DATA
Jul 17, 2014
Open
$472

Account Details
Last Reported
Nov 21, 2015

Collection Agency
CMRE FINANCIAL SERVICES

Original Creditor
MED1 02 MEDICAL PAYMENT DATA

Status
Open

Opened Date
Jul 17, 2014

Closed Date
--

Responsibility
Individual

Balance
$472

High Balance
$416

Remarks
Placed for collection

Creditor Contact Details
CMRE FINANCIAL SERVICES
3075 E IMPERIAL HW 200
BREA, CA
92821
(877) 572-7555

ENTIENDA SUS CUENTAS

Haga clic en todas sus cuentas. Léalas y entiendalas. Este es su crédito y necesita conocer este sitio mejor de lo que conoce la palma de su mano.

Cualquier cambio en su crédito aparecerá una vez reportado en este sitio.

Estudie y vuelva a estudiar estos relatos. Entonces estudielo un poco más.

MUESTRA 1 DE CUENTA DE COBROS

Ahora haga clic en "colecciones" Si tiene alguna. Aquí hay una muestra:

Agency

Original Creditor

Open Date
Status

Balance

CMRE FINANCIAL SERVICES

MED1 02 MEDICAL PAYMENT DATA

Jul 17, 2014
Open

$472

Account Details
Last Reported

Nov 21, 2015

Collection Agency

CMRE FINANCIAL SERVICES

Original Creditor

MED1 02 MEDICAL PAYMENT DATA

Status	Open
Opened Date	Jul 17, 2014
Closed Date	--
Responsibility	Individual
Balance	$472
High Balance	$416
Remarks	Placed for collection

Creditor Contact Details
CMRE FINANCIAL SERVICES 3075 E IMPERIAL HW 200
BREA, CA 92821
(877) 572-7555
Direct Dispute

MUESTRA 2 DE CUENTA DE COBROS

Agency	Original Creditor
Open Date	
Status	Balance
ENHANCED RECOVERY CORP	AT T
Mar 09, 2015	
Open	$59

Account Details

Last Reported	Apr 26, 2015
Collection Agency	ENHANCED RECOVERY CORP
Original Creditor	AT T
Status	Open
Opened Date	Mar 09, 2015
Closed Date	--
Responsibility	Individual Account.
Balance	$59
High Balance	$59

REGISTROS PUBLICOS

Sólo hay tres tipos de registros públicos que aparecen en un informe de crédito, todos ellos relacionados con deudas.

La bancarrota es lo más obvio. Se trata de un procedimiento legal en virtud del cual se proporciona a una persona alivio de las deudas que no pueden pagar. Hay dos formas primarias de bancarrota, denominadas "capítulos", porque están definidas por capítulos en la ley de bancarrota.

Bajo la bancarrota del capítulo 13, una persona paga al menos una porción de sus deudas. La quiebra del capítulo 13 permanecerá en el informe de crédito durante siete años a partir de la fecha de presentación.

Bajo el capítulo 7 quiebra, una persona no paga ninguna de las deudas incluidas en la presentación. La bancarrota del capítulo 7 permanece en el informe de crédito durante 10 años a partir de la fecha de presentación.

Los registros judiciales se actualizan periódicamente, y el estado de la quiebra, por ejemplo, que ha sido dado de alta, se actualizará automáticamente en el informe de crédito.

El segundo registro público que puede ver en un informe de crédito es un gravamen tributario. Esto resulta más comúnmente de la falta de pago de sus impuestos. El tío Sam habla en serio de pagar sus impuestos.

Un gravamen tributario impagado permanecerá en un reporte de crédito por hasta 10 años a partir de la fecha de presentación. Un gravamen de impuestos pagado se elimina siete años a partir de la fecha en que se paga.

Los juicios civiles son el tercer tipo de registro público incluido en los informes de crédito. Un juicio civil es simplemente una deuda que usted debe a través de los tribunales como resultado de una demanda. Si usted ha sido demandado y perdido, es probable que deba un juicio civil. Una vez pagada, la entrada se actualizará para mostrar ese hecho.

Contrariamente al mito popular, no hay otros registros públicos que aparezcan en el informe de crédito de una persona.

La información se recopila y actualiza regularmente de los tribunales, ya sea por un representante de las empresas de informes de crédito o proporcionada directamente por el Tribunal a las empresas nacionales de informes de crédito.

MUESTRA DE REGISTRO PUBLICO

Haga click en "Public Records" (Registro Público) si tiene alguno.

He aquí un ejemplo:
Public Record

Date

Status

Amount

Bankruptcy

Jul 15, 2011

Dismissed

$0

Bankruptcy

Nov 23, 2009

Discharged

Registro Público Específico

Ahora haga click en el registro específico:

Public Record Details
Reference Number

912287

Date Filed

Aug 18, 2009

Date

Nov 23, 2009

Status

Discharged

Amount

$0

Classification

Bankruptcy

Responsibility

Individual

Asset Amount

$0

Contact Details
CALIFORNIA FEDERAL COURT
JACOB WEINBURGER U 325 WEST F ST
SAN DIEGO , CA 92101
(619) 557-5620
Direct Dispute

OK ahora aquí están las categorías que necesita repasar **DETENIDAMENTE**.

Cuentas
Consultas de crédito
Colecciones
Los registros públicos
Pagos perdidos en la historia

OK usted necesita ir a través de cada centímetro de su informe de crédito.

Pase unas cuantas horas al día durante los próximos 3 días mirando su reporte.

Necesita conocer bien cada centímetro de este reporte.

10. RESTAURANDO SU CRÉDITO

SUMINISTROS NECESARIOS PARA LA REPARACION DE SU CRÉDITO

Preparándose para la guerra. Aquí están las herramientas que necesitará:
1) Pluma
2) 9 carpetas
3) papel
4) acceso a una impresora
5) acceso a informes actuales de <u>creditkarma.com</u> y <u>Experian.com</u>
6) 30 copias de su formulario de identificación (página 101)

Ahora, cuando decimos reparación de crédito, realmente estamos hablando de aumentar su puntuación FICO porque esa es la única parte importante de su crédito.

REPARACION DE CRÉDITO PASO POR PASO

Estas son las cosas en las que queremos enfocarnos:
1) Bancarrota o quiebra Sí/No
2) disminuir su utilización de crédito – "la cantidad que usted ha pedido prestado en comparación con su límite de crédito" – <u>esta es una relación clave</u>.
3) añadir líneas de crédito que informen a las agencias de crédito.
4) Agregue sus facturas de servicios públicos
5) Añadir cuentas a sus informes que están en buen estado.
6) eliminación de artículos adversos que no son suyos.

7) eliminación de artículos adversos que son suyos.

8) ser capaz de dar seguimiento todo, desde nuestro SEGUIMIENTO de crédito.

PASO 1º: ¿DEBE USTED DECLARARSE EN BANCARROTA?

Los fundamentos de deuda de tarjeta de crédito y bancarrota

En una economía donde los problemas de vivienda dominan los titulares, las tarjetas de crédito de alto interés siguen siendo uno de los mayores problemas que enfrentan los consumidores en su lucha por la salud financiera. No debe venir como una sorpresa para aprender entonces, que la deuda de la tarjeta de crédito es todavía una de las principales razones por las que los consumidores se ven obligados a declararse en bancarrota. Cuando una cuenta de tarjeta de crédito ha estado en mora por más de 180 días, los bancos le cobrará lo que se adeuda como "deuda mala" y venderá la cuenta a un cobrador de deudas que llamará, hostigará e incluso demandará si los saldos vencidos son lo suficientemente altos. La presión de montaje de los cobradores de deudas empuja a muchos consumidores a través de la puerta principal de una oficina de bancarrota porque la protección del capítulo 7 es ampliamente percibida como la forma más rápida y mejor de salir de una deuda de tarjeta de crédito inmanejable. Si bien es cierto que la presentación de la bancarrota puede ayudar a descargar las facturas de tarjetas de crédito, hay algunos conceptos básicos que cada consumidor necesita saber antes de depender de la bancarrota como medida de alivio de la deuda.

En este post le daremos los fundamentos para que pueda evaluar si la bancarrota es una buena solución a sus problemas de tarjeta de crédito. Por favor, también Asegúrese de navegar por la sección de publicaciones relacionadas de esta página para obtener información adicional.

La deuda de tarjeta de crédito es Desimponible en bancarrota.

Esa es la regla número uno cuando se trata de deudas sin garantía como deudas de tarjetas de crédito y facturas médicas, que son desfacturables en bancarrota. Cuando usted se quiebra, todas sus deudas no garantizadas son eliminadas, lo que significa que usted no debe legalmente estas facturas por más tiempo. Las compañías de tarjetas de crédito que deciden perseguirlos por deudas viejas y licenciosas lo harán en violación de la ley y estarán sujetas a sanciones por parte del Tribunal de bancarrota. Además, a diferencia de las deudas que son perdonadas a través de la negociación privada con un prestamista, no hay ninguna obligación tributaria por deudas que se licencien en bancarrota.

Sus informes de crédito deben mostrar saldos cero en sus tarjetas de crédito después de la bancarrota.

Este es un área donde los consumidores se tropezó. Después de la bancarrota, las compañías de tarjetas de crédito están obligadas a reportar la deuda descargada como teniendo un saldo cero. A menudo es necesario revisar su informe de crédito y confirmar su exactitud después de que su caso se cierre.

El fraude evitará que la deuda de tarjeta de crédito sea descargada

Mientras que la regla general es que la deuda de tarjeta de crédito se elimina fácilmente mediante la presentación de la bancarrota, la actividad fraudulenta puede poner en peligro toda la descarga de bancarrota. El uso de tarjetas de crédito para compras de lujo antes de la bancarrota crea una presunción de fraude que puede ser difícil de superar. No uses tarjetas de crédito después de reunirme con un abogado de bancarrota a menos que hayas decidido no presentar. La conclusión es que cualquier uso de tarjetas de crédito con la intención de no pagar la deuda de nuevo es fraudulento. El código de bancarrota protege a los deudores que se comportan de buena fe y castigan a los deudores que intentan jugar el sistema. Para más información ver: el uso de tarjetas de crédito antes de la bancarrota es un gran no no!

¿Puede mantener una tarjeta de crédito fuera de su bancarrota?

Todas las deudas, incluyendo deudas con tarjetas de crédito, deben ser reveladas en su petición de bancarrota. Esto significa que usted no puede mantener ninguna tarjeta de crédito que tiene un saldo "fuera de su bancarrota", debe ser divulgado y será dado de alta junto con el resto de sus deudas sin garantía. Las tarjetas de crédito con saldos cero no crean una obligación de deuda y, por lo tanto, no se requiere que se divulguen en una declaración de bancarrota. Para obtener más información, consulte: ¿puedo mantener una tarjeta de crédito fuera de la bancarrota?

¿Podré obtener una tarjeta de crédito después de la bancarrota?

Créanme o no, sí. Las empresas acreedoras a menudo envían a los deudores ofertas de tarjetas de crédito después de declararse en bancarrota sabiendo que serán 8 años antes de que puedan volver a declararse en bancarrota. Además, la bancarrota iluminará toda su deuda sin garantía haciendo que su relación de deuda con ingresos sea más atractiva para los prestamistas que ven que ahora tiene la capacidad de asumir nuevas deudas. Esto no quiere decir que la solicitud de quiebra es buena para su crédito, porque no lo es. Sin embargo, los consumidores que salen de la bancarrota comúnmente reciben ofertas para tarjetas en el correo muy pronto después de que su caso de bancarrota haya cerrado.

La conclusión

la conclusión es que mientras esté actuando la deuda de la tarjeta de crédito de buena fe será dado de alta en una declaración de bancarrota. De hecho, una de las principales razones por las que los consumidores se ven obligados a la quiebra es la deuda de tarjeta de crédito de alto interés. Si usted está enfrentando las facturas de tarjetas de crédito que han sido en espiral fuera de control, nunca es una mala idea para reunirse con un abogado de bancarrota para discutir sus opciones.

Como dije antes que la bancarrota es una gran manera de salir.

PASO 2º: DISMINUYA SU UTILIZACION DE CRÉDITO

La relación del uso de crédito representa el 30 por ciento de su puntuación

Esto es MUY IMPORTANTE. Así es como funciona.

Ahora echemos un vistazo a 2 personas diferentes
John Doe
Peter Smith
Tienen exactamente los mismos artículos en sus informes de crédito, excepto

John tiene una tarjeta de crédito con un límite de $10,000 en él y debe $7,000. Él tiene un gran trabajo que hace $125,000 un año y paga a tiempo cada mes.

Peter tiene exactamente los mismos artículos en su crédito, pero tiene una tarjeta de crédito de la misma compañía, pero su límite es de $1,000 porque está desempleado. El debe $100 y paga a tiempo cada mes.

¿Quién tiene una puntuación mucho mejor?

Es Peter debido a la utilización del crédito. Sólo está usando el 10% de su crédito disponible.

Mientras que John está usando 70%.

Esto es tan importante con su puntuación FICO. Significa tanto que tengo que subrayar este punto. Se compone de 30% o más de su puntuación.

Pero en realidad puede saltar de un 580 a un 680.

(A) COMPONENTES DE UTILIZACION DE CREDITO

La categoría de utilización de crédito tiene seis subcomponentes:
1) La cantidad de deuda aún adeudada a los prestamistas.
2) El número de cuentas con deuda pendiente.
3) La cantidad de deuda adeudada en cuentas individuales.
4) La falta de cierto tipo de préstamo, en algunos casos.

5) El porcentaje de líneas de crédito en uso en cuentas rotatorias, como tarjetas de crédito.

6) El porcentaje de deuda que todavía se adeuda en préstamos a plazos, como hipotecas.

Es la comparación de la cantidad de deuda con el límite de crédito que es crucial.

Esa proporción va por varios nombres: ratio de utilización de crédito, ratio de límite de crédito a deuda, ratio de balance-límite y relación entre deuda y crédito disponible entre ellos
--pero la matemática es simple. Es el porcentaje de cuánto adeuda en comparación con el monto de su límite de crédito. Si adeuda $100 en su tarjeta de crédito y tiene un límite de crédito de $1,000, su ratio es del 10 por ciento.

Simple, ¿verdad? No siempre. Aquí es donde se pone difícil:

En primer lugar, FICO no ve todos los tipos de cuenta como iguales. "Saldos rotatorios (por ejemplo, tarjetas de crédito y minoristas) tienden a llevar más peso que la deuda a plazos (por ejemplo, préstamos hipotecarios, automóviles y estudiantes) cuando se consideran las cantidades adeudadas."

Esto significa que dentro de la categoría de montos adeudados, las tarjetas de crédito son el tipo más importante de cuenta para lograr una puntuación FICO alta, pero también pueden hacer más daño que otros tipos de crédito.

Además, aunque podría considerar cerrar una tarjeta de crédito no utilizada o no deseada como una decisión financiera inteligente, debido a la forma en que se calcula su ratio de utilización, la puntuación FICO no lo ve de esa manera.

Por ejemplo, Imagine que tiene dos tarjetas de crédito, cada una con un límite de crédito de $500, para el crédito total disponible de $1,000.

Una de las tarjetas no se ha utilizado por un tiempo y tiene un saldo cero, mientras que la otra tarjeta tiene un saldo de $250. Eso le da una relación de utilización del 25 por ciento--su saldo de $250 dividido por su límite de crédito total de $1.000. A continuación, cierra la tarjeta no utilizada, eliminando el límite de crédito $500 asociado a esa cuenta. Ahora, sólo tienes $500 en crédito total disponible en esa tarjeta, pero todavía tienes $250 en deuda.

De repente, su ratio de utilización de crédito ha saltado al 50 por ciento.

Ese cambio puede arrastrar su puntuación FICO, a pesar de sus buenas intenciones. La gente piensa que cerrar tus cartas siempre fue algo bueno.

Sin embargo, cuando se trata de puntuación de crédito, "sentido común no siempre funciona.

No es sólo sus propias acciones que pueden cambiar esa relación de utilización para peor. El Banco también puede tomar medidas que tengan un impacto negativo en la puntuación FICO de un titular de la tarjeta.

Algunas personas han visto una puntuación bajar porque un emisor había cortado una línea de crédito o cerró su tarjeta por no uso.

Como en el ejemplo anterior, esos cambios pueden hacer que parezca que el prestatario está más cerca de maximizar su línea de crédito, que puede pesar en la puntuación FICO de un prestatario.

Optimice su utilización de crédito

Para mejorar las cantidades adeudadas de su puntuación FICO, empiece por averiguar cuánto crédito tiene disponible. Luego, pague los saldos. Si usted es un buen cliente, los bancos también pueden otorgar solicitudes para aumentar sus líneas de crédito rotativas. Una vieja regla de oro solía decir mantener su utilización de crédito por debajo del 30 por ciento, pero eso es un mito. No hay magia en un

30%. Su puntuación no se desplome al 31 por ciento o se eleva al 29 por ciento. ¿La verdadera regla? Cuanto menor es la utilización, mejor.

Eso puede ser especialmente difícil para los prestatarios que sólo tienen una cuenta. "Si usted tiene una tarjeta de crédito con una línea $1,000, no es tan difícil golpear 30 por ciento," ya que sólo tendría que llevar un equilibrio de $300.

Pero si maximizo una cuenta de tarjeta de crédito con una línea de crédito completa, espere que su puntuación FICO caiga entre 10 y 45 puntos.

Otro peligro proviene de los titulares de cuentas conjuntas o usuarios autorizados que aplican cargos excesivos en su tarjeta compartida. Si el otro titular de la tarjeta maximiza una cuenta compartida, su puntuación FICO puede caer.

¿Otra recomendación? Considere hacer pagos a los acreedores más de una vez al mes. De lo contrario, si usted pone un gasto importante--como un aparato nuevo--en una tarjeta de crédito, incluso si planea pagarlo, su puntuación FICO puede tener un éxito. La razón es que las puntuaciones de crédito se calculan como una instantánea en el tiempo, por lo que si eso sucede después de haber cargado una nueva lavadora $700, su ratio de utilización se verá terriblemente alto.

(B) COSAS QUE HACER PARA UNA OPTIMA UTILIZACION DE CRÉDITO

Se trata de las tarjetas de crédito.

Si tiene una tarjeta de crédito que no utiliza, empiece a usarla un poco.

Alrededor del 10% del límite.

Llame a todas sus compañías de tarjetas de crédito y pida un gran aumento a su límite.

Pague sus tarjetas de crédito hasta el 10% con un préstamo contra su casa.

Si usted tiene plusvalía en su casa obtenga una línea de crédito de plusvalía de vivienda.

Una línea de crédito de plusvalía en el hogar (a menudo llamado HELOC y pronunciado Hee-Lock) es un préstamo en el que el prestamista se compromete a prestar una cantidad máxima dentro de un período acordado (llamado un término), donde la garantía es la plusvalía del prestatario en su/su casa (similar a una segunda hipoteca).

Las tarifas para estos son extremadamente bajas.

Su crédito subirá como un cohete.

Vaya a: lendingtree.com y compre la mejor tarifa.

Ahora Supongamos que usted está comprando una casa y tiene $25.000 y tiene tarjetas de crédito que están maximizados con el límite de $5000.

Usted estará diez veces mejor si usa $4,500 y paga sus tarjetas bajándolas a $500.

Utilice los restantes $20,500 en la casa en su lugar. Su FICO subirá como un cohete y obtendrá una tasa de interés mucho mejor.

Haga lo que haga, los saldos de sus tarjetas son bajos. Todos pueden oler un pez moribundo.

PASO 3º - AGREGUE LINEAS DE CREDITO

Esto va de mano a mano con la utilización del crédito porque disminuye su carga de la deuda.

Primero revise su creditkarma.com por "recomendaciones". Estas serán siempre tarjetas para las que esté aprobado en función de su puntuación de crédito.

Solicite todas las tarjetas que muestren. Usted será aprobado.

Vaya a creditcards.com y solicite tarjetas para el mal crédito.

Aquí hay algunas:

Capital One® Secured MasterCard®

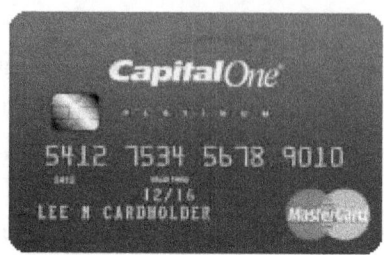

Sin cuota anual, y todos los beneficios de la creación de crédito con uso de tarjeta responsable

A diferencia de una tarjeta prepagada, genera crédito cuando se usa responsablemente, con informes regulares a las 3 principales agencias de crédito.

Credit One® Unsecured Visa® Card

¿Le interesa cultivar o reconstruir su crédito? Reportamos mensualmente a las tres principales agencias de crédito. Aproveche el acceso en línea gratuito a su puntuación de crédito y el resumen del informe de crédito. Vea si está precalificado.

First PREMIER® Bank MasterCard® Credit Card

Se requiere una cuenta de cheques

Aplicar hoy y si se aprueba, pagar una tarifa de procesamiento y usted podría comenzar a disfrutar de un límite de crédito manejable (sujeto a crédito disponible, cargos adicionales y cargos).

Regular/mal crédito

First PREMIER® Bank Credit Card

Debe tener una cuenta de cheques para calificar.

Aplicar hoy, y si se aprueba, pagar una tarifa de procesamiento y ust ed podría comenzar a disfrutar de un límite de crédito manejable (sujeto al crédito disponible, cargos adicionales y cargos)

Credit One Bank® Cash Back Rewards

Obtenga su pre-calificación sin dañar su puntuación de crédito.

Esta es una tarjeta de crédito totalmente funcional y sin garantía, no una tarjeta de débito, prepago o segura. No es necesario cargar fondos ni atar dinero en depósitos. No hay costos de bolsillo para abrir su cuenta.

First PREMIER® Bank Classic Credit Card

Debe tener una cuenta de cheques para calificar

Aplique hoy y, si se aprueba, pague una tarifa de procesamiento para acceder a su crédito disponible (se aplicarán cargos y tarifas adicionales).

First PREMIER® Bank Gold Credit Card

Debe tener una cuenta de cheques para calificar

Aplicar hoy y si se aprueba, pagar una tarifa de procesamiento y usted podría comenzar a disfrutar de un límite de crédito manejable (sujeto a crédito disponible, cargos adicionales y cargos).

Surge MasterCard® Credit Card

Límite de crédito inicial de $500.00 * (sujeto al crédito disponible)
Informes mensuales a las tres principales agencias de crédito

Credit One® Unsecured Platinum Visa® Card

Obtener precalificados sin afectar a su puntuación de crédito

Se trata de una tarjeta de crédito sin garantía de ningún requisito de depósito

Group One Freedom Card

$500 línea de crédito no segura
Informes a la oficina de crédito principal

Capital One® Platinum Credit Card

No pague ninguna cuota anual

Obtenga acceso a una línea de crédito más alta después de hacer sus primeros 5 pagos mensuales a tiempo

Capital One® QuicksilverOne® Cash Rewards

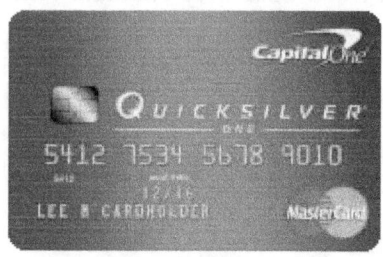

Gane un 1.5% de reembolso ilimitado en cada compra, todos los días

No se necesitan categorías rotativas ni firmas para ganar recompensas en efectivo; Además, el Cash Back no caduca y no hay límite en cuanto a cuánto puedes ganar

Barclaycard Rewards MasterCard®

2X puntos en las compras de gasolina, comestibles y utilidades, y 1X puntos en todas las demás compras

Sin cuota anual

Chase Slate®

Chase Slate nombró "mejor tarjeta de crédito para transferencias de saldo" tres años seguidos por la revista MONEY

$0 cargo por transferencia de saldo introductorio para transferencias realizadas durante los primeros 60 días

Credit One Bank® Platinum Visa® Rewards Card

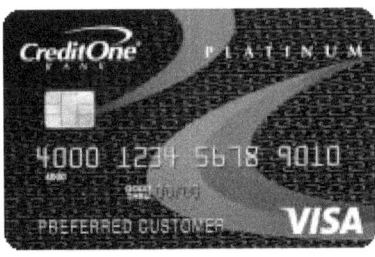

Credit One Bank® Platinum Visa®

Las revisiones automáticas de la línea de crédito aumentan las oportunidades

Obtener precalificados sin dañar su puntuación de crédito

First PREMIER® Bank MasterCard® Credit Card

Se requiere una cuenta de cheques

Aplicar hoy y si se aprueba, pagar una tarifa de procesamiento y usted podría comenzar a disfrutar de un límite de crédito manejable (sujeto a crédito disponible, cargos adicionales y cargos).

Indigo® Platinum MasterCard®

Elija el diseño de su tarjeta-Gratis

Pre-calificación disponible sin impacto en su puntaje de crédito

Credit One® Rewards Card

Credit One monitorea automáticamente cada cuenta para aumentar las oportunidades de la línea de crédito. Se lo haremos saber en cuanto sea elegible para recibir crédito adicional.

Vea si está pre-calificado sin dañar su puntuación de crédito. En menos de 60 segundos, encuentre la tarjeta adecuada para usted.

A) AGREGUE LINEAS DE CREDITO ASEGURADAS

B) ¿QUÉ ES UNA LINEA DE CRÉDITO ASEGURADA?

La mayor diferencia entre una tarjeta de crédito asegurada y una no segura es que las tarjetas garantizadas normalmente requieren un depósito de seguridad del titular de la cuenta, que funciona como garantía de efectivo contra usted que mora en sus pagos.

Las tarjetas de crédito garantizadas son especialmente útiles para los consumidores con un historial de crédito pobre o de poca o ninguna que normalmente se rechazan por tarjetas de crédito no garantizadas. Una tarjeta asegurada puede casi garantizar la aprobación de la institución de préstamo porque, en efecto, usted es el que está asumiendo el riesgo financiero a través de su depósito de seguridad.

Piense en una tarjeta asegurada como su línea de crédito "ruedas de entrenamiento" que le permiten los beneficios de poseer una tarjeta de crédito, mientras que le da la oportunidad de construir un historial de uso de crédito responsable con los pagos a tiempo. Los pequeños límites de crédito y los requisitos de depósito de seguridad están ahí para protegerlo de entrar en el historial de pago deficiente que puede haber plagado en el pasado.

Los límites de crédito con tarjeta asegurada a menudo se fijan por el monto del depósito de seguridad o algún porcentaje de él para que usted no pueda cobrar más de lo que su depósito de seguridad puede cubrir. Dependiendo de su tarjeta segura específica, agregar más a su depósito de seguridad le permite acceder a un límite de crédito más alto, o si sus pagos son puntuales y consistentes, la compañía de la tarjeta de crédito puede recompensarlo incrementando su línea de crédito sin requerir depósitos adicionales.

Muchas tarjetas garantizadas aumentan el límite de crédito de su tarjeta asegurada después de 6-12 meses de uso responsable y pagos a tiempo.

He aquí algunas:

Capital One® Secured MasterCard®

Sin cuota anual, y todos los beneficios de la creación de crédito con uso responsable de la tarjeta. A diferencia de una tarjeta prepagada, genera crédito cuando se usa responsablemente, con informes regulares a las 3 principales agencias de crédito

Discover it® Secured Credit Card

Sin cuota anual. No hay cargo por mora en su primer pago tardío. No hay aumento de su tasa APR por pagar tarde. *

Gane un 2% de reembolso en restaurantes y gasolineras de hasta $1,000 en compras combinadas cada trimestre. Gane un 1% de reembolso en todas las demás compras.

OpenSky® Secured Visa® Credit Card

Construya su crédito rápidamente con nuestros informes mensuales a las 3 principales agencias de crédito. Elija su línea de crédito tan baja como $200 hasta $3,000, asegurada por un depósito de seguridad totalmente reembolsable *.

First Progress Platinum Prestige MasterCard® Secured Credit Card

¡Financie su nueva tarjeta de crédito MasterCard® con su reembolso de impuestos hoy!

Nuestra tarjeta se informa mensualmente a las tres principales agencias y la aprobación se basa en un depósito de seguridad totalmente reembolsable.

Citi® Secured MasterCard®

Empiece a construir crédito para mañana

Se requiere un depósito de seguridad para este producto (mínimo $200)

Primor® Secured Visa Classic Card

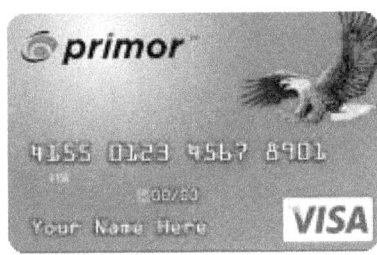

Líneas de crédito disponibles de $200 a $5,000! Usted decide dónde desea iniciar y abrir su cuenta de depósito de ahorros personales para asegurar su línea

Aprobación garantizada * siempre y cuando su ingreso mensual exceda sus gastos mensuales por $100 o más! *

Primor® Secured Visa Gold Card

Baja tasa de interés fija 9.99% en las compras! Aprobación garantizada* siempre y cuando su ingreso mensual exceda sus gastos mensuales por $100 o más! *

Líneas de crédito disponibles de $200 a $5,000! Usted decide dónde desea iniciar y abrir su cuenta de depósito de ahorros personales para asegurar su línea

First Progress Platinum Elite MasterCard®
Secured Credit Card

¡ Financie su nueva tarjeta de crédito MasterCard® con su reembolso de impuestos hoy!

Reciba su tarjeta más rápidamente con la nueva opción de procesamiento acelerado

UNITY® Visa Secured Credit Card –
The Comeback Card™

Oferta por tiempo limitado: los nuevos miembros de la tarjeta obtienen una devolución de $25 *-para ser elegible, las solicitudes deben enviarse

¡ Aplique en línea en menos de 5 minutos, y usted podría ser aprobado hoy!

First PREMIER® Bank Secured Credit Card

Si se aprueba, financie su depósito de seguridad para abrir su cuenta. Una vez abierto, usted tendrá la oportunidad de construir su límite de crédito hasta $5,000.

Esta es una tarjeta de crédito genuina con seguro, no una tarjeta de débito o prepago.

C) CONSIGA UNA CUENTA CONCATENADA (Piggyback)

Un "piggybacker," más comúnmente conocido como un "usuario autorizado," es una persona autorizada a utilizar una tarjeta de crédito por un titular de la cuenta principal que mantiene la responsabilidad de toda la deuda en la tarjeta, independientemente de quién realiza los cargos. Los usuarios autorizados son típicamente--aunque no siempre, como usted verá--un cónyuge, pareja, hijo, pariente o amigo del titular de la cuenta principal.

El término "piggybacking" se refiere a la forma en que todo el historial crediticio de una cuenta no solo se incluye en el informe de crédito y la puntuación del titular de la tarjeta principal, sino que también se convierte en parte del informe y la puntuación del usuario autorizado. Esto sucede si la tarjeta es realmente utilizada por el usuario autorizado o no.

En los últimos años, el apoyo se ha convertido en uno de los más populares, y al mismo tiempo controversial, formas de crear crédito para alguien que es o bien nuevo para el crédito o recuperarse de contratiempos financieros. Popular, debido a la facilidad con la que un usuario autorizado puede agregarse a una cuenta (sin requisitos de crédito) y el beneficio de puntuación inmediata que se puede realizar desde el historial de crédito positivo del titular de la tarjeta principal (con suerte). Controvertido, en que alguien que no ha utilizado, no ha manejado, o incluso ha utilizado indebidamente el crédito en el pasado, puede cosechar el beneficio de puntuación de una tarjeta sazonada y bien gestionada sin haber hecho realmente nada para ganar los puntos de puntuación adicionales que pueden acompañar el Cuenta. Por ejemplo, una persona joven que se cupite en la tarjeta de larga duración y bien mantenida de un padre puede, sin tener ningún crédito propio, lograr una puntuación de crédito muy buena basada en un historial de crédito mayor que ella!

Pero, la imagen de refuerzo no es todo ganar-ganar para los usuarios autorizados.

Dado que el historial de la tarjeta, bueno o malo, se incluye en el informe de crédito del usuario autorizado y en la puntuación de crédito, corresponde al usuario autorizado asegurarse de que la tarjeta siempre se paga a tiempo y mantiene una baja utilización del crédito (saldo de la tarjeta/porcentaje de límite). De lo contrario, el refuerzo podría ser contraproducendo y resultar en una puntuación de crédito peor de lo que tendría sin ser un usuario autorizado en la tarjeta. De hecho, considere que esto es sólo una de las muchas buenas razones para comprobar sus informes de crédito.

Afortunadamente, si descubres que el titular de la cuenta principal no está administrando la cuenta a tu gusto, puedes retirarte de la cuenta--preferiblemente al tener el titular de la cuenta principal en contacto con el prestamista--y hacer que se elimine de tu crédito Informe por contendiente como "no Mine" con las agencias de crédito.

Tal vez el aspecto más controvertido de la coleta en los últimos años ha sido el uso de esta característica para inflar artificialmente las puntuaciones de crédito para obtener beneficios a través de una relación puramente empresarial en la que el piggybacker, a menudo un completo extraño, paga para ser añadido como un usuario autorizado sin recibir una tarjeta o participar en la gestión de la cuenta de ninguna manera.

En un intento de hacer frente a este tipo de abuso, la puntuación de crédito FICO 8, lanzada en 2009, excluyó inicialmente las cuentas mantenidas como un usuario autorizado de la puntuación. Sin embargo, FICO invirtió rápidamente el curso, y volvió a permitir el respaldo en las puntuaciones, pero con un ajuste para generar menos puntos para las cuentas mantenidas como usuario autorizado que como titular de la cuenta principal. Se había hecho evidente a FICO que el precio por desalentar el abuso de los abusos por parte de unos pocos parientes sería la negación de la historia de crédito obtenida honestamente por millones de usuarios autorizados legítimos--con mayor frecuencia los cónyuges de los titulares de tarjetas primarias- que utilizan y administran Estas cuentas no de manera diferente a las del rol principal.

Debe considerar la opción de usuario autorizado como una manera fácil de implementar y de riesgo mínimo para crear o reconstruir el crédito

PASO 4º - AGREGUE SUS FACTURAS DE SERVICIOS PUBLICOS

Actualmente no puede realmente agregar sus facturas de servicios públicos y alquiler a su FICO, pero puede agregarlo a su puntuación de PRBC que puede mostrar a los prestamistas.

Antes de tomar un préstamo o hacer una compra grande, los prestamistas querrán asegurarse de que realizará sus pagos. Tener una buena puntuación de crédito les dice que eres confiable. El problema es que los puntajes tradicionales no incluyen algunos de sus hábitos de pago más importantes. Eso significa que usted podría estar pagando todas sus cuentas a tiempo, cada mes, pero aún así se le niega un préstamo. Con PRBC, esos "otros" pagos de facturas son parte de la decisión.

Para obtener una puntuación y un informe de PRBC, conviértase en miembro y registre al menos tres cuentas facturadas mensualmente. Estos pueden ser su alquiler, su factura de electricidad, su factura de cable o incluso un servicio en línea. Entonces, todo lo que tiene que hacer es asegurarse de pagar sus cuentas a tiempo cada mes. Cuando lo haces, tus buenos hábitos aparecen como una buena puntuación de PRBC.

Cuantas más cuentas agregue y mantenga sus pagos, mayor será su puntuación de PRBC. Y lo mejor de todo, comenzar en el camino para obtener un mejor crédito es absolutamente gratis.

Puede hacerlo en:
www.prbc.com

PASO 5º - AÑADIR TODAS SUS CUENTAS QUE ESTÉN EN BUEN ESTADO

Ahora revise todos sus informes y asegúrese de que todos sus informes muestren todas sus cuentas buenas.

Sus buenas cuentas sólo pueden mostrarse en una o dos oficinas.

Si encuentra alguna de estas cuentas así es cómo agregar la buena cuenta.

Adjunte cualquier documentación que verifique la información que está proporcionando.

Ejemplo de carta para agregar cuenta (en inglés)

> To Whom It May Concern
>
> According to the Fair Credit Reporting Act, 15 USC section 1681i, I request that you add the following credit accounts to my credit report:
>
> Company Name:: [Name of Company]
>
> Account Number:: [Account Number]
>
> Account Type:: [Account Type]
>
> Phone Number:: [Phone Number]
>
> Date: [Date]
>
> I appreciate your attention to this matter, Please inform me within the statutory 30-day time period from your receipt of The purpose of this credit repair letter of your compliance with the provisions described in 15 USC 1681e, which require that all information in a consumer's credit report must reflect the maximum possible level of accuracy".
> [Name]
> Social Security Number: [Social Security Number]
> Date of Birth: [Date of Birth]
> [Current Address]:[City, State Zip]Sincerely,
>
> [Signature][Date]
> IN WITNESS WHEREOF, the said party has signed and sealed these presents the day and year first above written. Signed, sealed and delivered in the presence of:

GUÍA PARA LA REPARACIÓN RÁPIDA DEL CRÉDITO - USA
www.credito-usa.com

{PRINT YOUR NAME HERE} _____
Signature
   STATE OF
   COUNTY OF
   I HEREBY CERTIFY that on this day before me, an officer duly qualified to take acknowledgments, personally appeared
   { YOUR NAME HERE }, who has produced _____ as identification and who executed the foregoing instrument and he/she acknowledged before me that he/she executed the same.
   WITNESS my hand and official seal in the County and State aforesaid this _____ day of _____2019.

_____ Notary Public
Printed Name
My commission expires:

PLANILLA DE IDENTIFICACION

Incluya su planilla de identificación:

Copia de su licencia de conducir

Factura de servicios con su nombre y dirección

Talón de cheque de pago de nómna con su nombre y dirección

I declare under penalty of perjury (under the laws of the United States of America) that this identification provided is me

John Doe

Signature

Date

FIRMAR ANTE NOTARIO

Ahora usted necesita firmar la(s) carta(s) ante notario. Agregará una copia de su tarjeta de seguro social y licencia de conducir (o pasaporte) para la prueba de su identidad e ir a un notario público. NO FIRME LAS CARTAS HASTA QUE VAYA AL NOTARIO Y LE DIGA QUE LA FIRME.

AHORA RASTREE SUS CARTAS

Ahora sus cartas están listas para enviar. Usted enviará su carta con el rastreo de correo prioritario(Priority Mail). Guarde el número de rastreo (Tracking Number). Esta es su prueba de que la CRA recibe su carta (s).

Esto es una necesidad absoluta.
Presentar todos sus documentos.
Estas son las direcciones dónde debe enviar sus cartas:.

Equifax
P.O. Box 740256 Atlanta, GA 30374-0256

Experian
P.O. Box 2106 Allen, TX 75013

TransUnion
P.O. Box 34012 Fullerton, CA 92634

Asegúrese de que su dirección y empleador son los mismos que el Departamento de crédito tiene para usted.

Si esta información no es correcta, cámbielo en su informe de crédito.

Inicie sesión en el Karma de crédito y en la cuenta de Experian y actualice su información personal. Asegúrese de que su actualización antes de enviar sus cartas. Por lo general son muy rápidos con las actualizaciones de información personal.

11. COMO ELIMINAR ELEMENTOS DE SU INFORME

PASO 6º - ELIMINACION DE ARTICULOS ADVERSOS QUE NO SON SUYOS

El 79 por ciento de todos los informes de crédito contienen algún tipo de error-y el 25 por ciento contienen tales errores graves que a esos individuos se les podría negar el crédito.

Aquí hay otros hallazgos significativos:

El 54 por ciento contenía información personal inexacta, como nombres mal escritos, números de seguro social incorrectos, fechas de nacimiento incorrectas, información inexacta sobre un cónyuge y una dirección obsoleta. Por ejemplo, un informe de crédito enumeró al socio comercial de un hombre como su cónyuge.

30 por ciento enumerado "cerrado" cuentas como "abierto." por ejemplo, el listado de un préstamo estudiantil que se pagó hace años como todavía sobresaliente. Otro reporte enumeró varias tarjetas de crédito, una hipoteca y un préstamo de auto todo como abierto.

22 por ciento de los informes tenían la misma hipoteca o préstamo enumerados dos veces. Este error ocurre a menudo cuando los préstamos son atendidos o vendidos.

el 8% de los informes simplemente no enumeraban cuentas importantes de crédito, préstamo, hipoteca u otras que pudieran utilizarse para demostrar la solvencia de un consumidor.

Estos errores pueden crear la apariencia de un consumidor que tiene "demasiado" crédito disponible, ser demasiado extendido, o no haber sido un pagador responsable de sus obligaciones.

Las agencias de informes de crédito "grandes tres" - Equifax, Experian y TransUnion-han estado en este negocio durante años, así que ¿cómo pueden estar cometiendo todos estos errores?

La mayoría de los errores pueden ser anclados a sus acreedores y otros proporcionando información a las agencias de crédito. Como se mencionó anteriormente, algunos errores ocurren cuando las cuentas de crédito cambian de manos. Algunos errores son intencionales. El informe encontró que algunos bancos admiten no suministrar a las oficinas información completa sobre los clientes.

Otros errores son simplemente un error humano. Según un portavoz de la industria de la oficina de crédito, algunos 30.000 procesadores de datos archivo 4,5 mil millones actualizaciones a informes de crédito cada mes, dejando espacio considerable para los errores.

Estos errores en los informes de crédito pueden causar serios problemas a los consumidores. Muchos consumidores probablemente no se dan cuenta de lo grave que es.

PASO 7º - ELIMINACION DE ARTICULOS ADVERSOS QUE SON SUYOS

¿SON LAS DEUDAS SUYAS?

Ahora asegúrese de que no son sus deudas. Esto es importante sólo para que sepa con quién está tratando.

Por ejemplo, todos los acreedores venden sus deudas a terceras partes. Así que aquí hay una deuda que aparece en un informe de crédito TransUnion:

EJEMPLO 1 - CUENTAS DE COBRO

Account Details
Last Reported Apr 26, 2018
Collection Agency ERC
Original Creditor 11 AT T
Status Open
Opened Date Mar 09, 2018
Closed Date --
Responsibility Individual
Balance $59
High Balance $59
Remarks Placed for collection
Creditor Contact Details
ENHANCED RECOVERY COMPANY (800) 495-8941
PO BOX 57547
JACKSONVILLE, FL 32241

AHORA USTED NO CONOCE LA EMPRESA" ENHANCED RECOVERY COMPANY" PERO SI USTED VE EL DEUDOR ORIGINAL ES AT&T USTED PUEDE CONOCERLAS.

EJEMPLO 2 - CUENTAS DE COBRO

CMRE FINANCIAL SERVICES
MED1 02 MEDICAL PAYMENT DATA
Jul 17, 2014
Open
$472
Account Details
Last Reported Nov 21, 2018
Collection Agency CMRE FINANCIAL SERVICES
Original Creditor MED1 02 MEDICAL PAYMENT DATA

Status Open
Opened Date Jul 17, 2017
Closed Date --
Responsibility Individual
Balance $472
High Balance $416
Remarks Placed for collection
Creditor Contact Details
CMRE FINANCIAL SERVICES
3075 E IMPERIAL HW 200
BREA, CA
92821
(877) 572-7555
Ahora el acreedor original aquí es CMRE FINANCIAL SERVICES. No son una empresa que se reconoce fácilmente, pero es posible que haya tenido un servicio hecho. En este caso fue una radiografía.

CREANDO SUS CARPETAS - CONFIGURE SUS CARPETAS DE ESTA MANERA

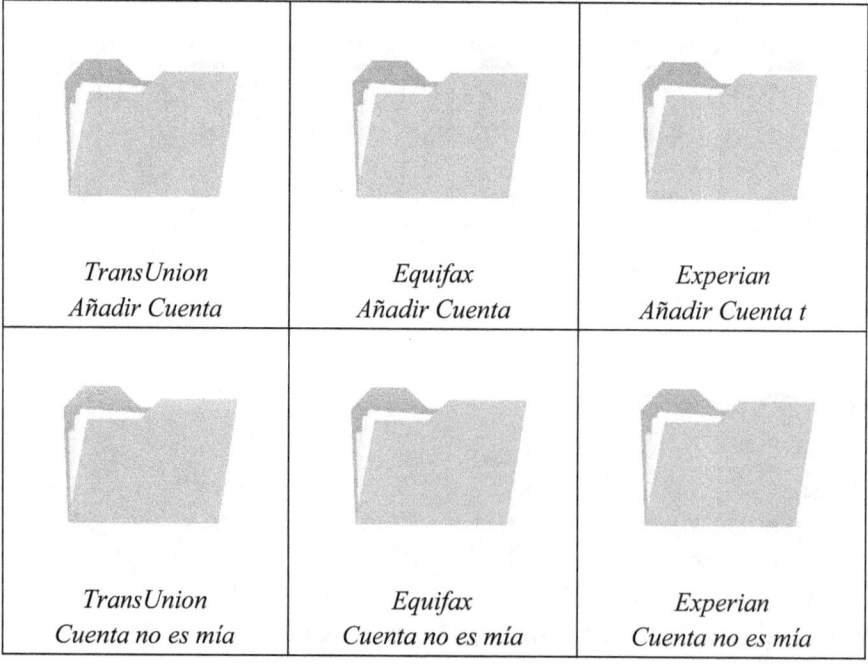

TransUnion	*Equifax*	*Experian*
Añadir Cuenta	*Añadir Cuenta*	*Añadir Cuenta t*
TransUnion	*Equifax*	*Experian*
Cuenta no es mia	*Cuenta no es mia*	*Cuenta no es mia*

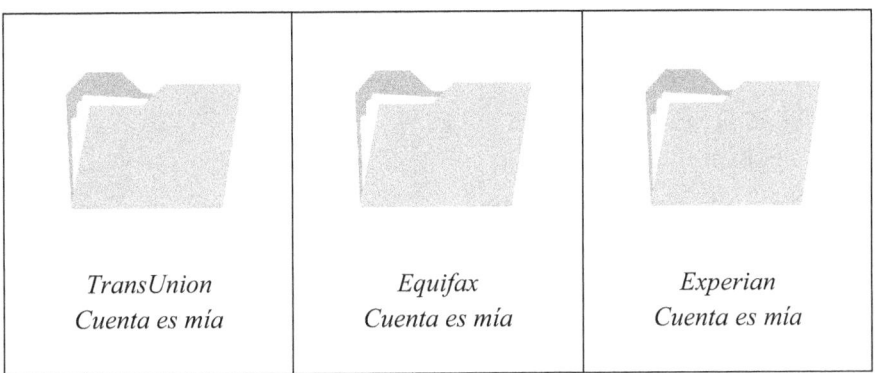

La carpeta "**Añadir Cuenta**" es para las cuentas que desee agregar.

La carpeta "**Cuenta no es mía**" son las cuentas que creeque no son suyos. Mire estas cuentas antes de que las archive en esta carpeta.

"**Cuenta es mía**" son cuentas que reconoce pero quiere borrar de todos modos

IMPRIMIR UNA COPIA DE TODAS LAS CUENTAS EN SUS INFORMES DE CREDITO

QUE VA A AGREGAR O DISPUTAR

Imprima una copia de la deuda y archivela en la carpeta correspondiente.

ANTES DE PRESENTAR LA DEUDA , LLAMAR Y OBTENER EL NÚMERO DE CUENTA.

Así que con esta deuda de ejemplo:

Account Details
Last Reported Apr 26, 2018
Collection Agency ERC
Original Creditor 411 AT T

Status Open
Opened Date Mar 09, 2018
Closed Date --
Responsibility Individual
Balance $59
High Balance $59
Remarks Placed for collection
Creditor Contact Details
ENHANCED RECOVERY COMPAN
PO BOX 57547
JACKSONVILLE, FL 32241 (800) 496-8941

En primer lugar debe llamar a ATT

Si eso no funciona llamaría a:

Creditor Contact Details
ENHANCED RECOVERY COMPAN
PO BOX 57547
JACKSONVILLE, FL 32241 (800) 496-8941

OBTENER SU NUMERO DE CUENTA

LLAMADA MUESTRA AL ACREEDOR ORIGINAL

La llamada telefónica debe ir así (AUNQUE POR SUPUESTO EN INGLÉS):" hola ví esta deuda en mi informe de crédito que no estoy seguro que es mía. Si es mía yo estoy dispuesto a pagarla. Cuál es el número de la cuenta AT&T para poder comprobar mis expedientes. Mi # social es 123-45-6789.

Después de recibir el número de cuenta para la deuda original escribirlo en tu página de deuda.

> **LA CONVERSACION EN INGLES:**
>
> Hello I saw this debt on my credit report that I'm not sure is mine. If it is mine I am willing to pay it. What is the account number from the AT&T account so I can check my records. My social # is 123-45-6789.

EJEMPLO DE LLAMADA A LA EMPRESA DE COBROS

BLOQUEE SU NÚMERO DE TELÉFONO. No permita que ellos lo llamen. No les dé información pero pbtenga el número de la cuenta de la deuda original si no lo sabe.

La llamada telefónica debe ir así: "hola vi esta deuda en mi informe de crédito que no estoy seguro que es mío. Si es mío yo estoy dispuesto a pagarlo. Cuál es el número de cuenta de la cuenta AT&T para poder comprobar mis expedientes. En inglés:

> **LA CONVERSACION EN INGLES:**
>
> Hello I saw this debt on my credit report that I'm not sure is mine. If it is mine I am willing to pay it. What is the account number from the AT&T account so I can check my records.

Muchas veces le dicen que su número de cuenta no es con AT&T pues la deuda se la pasaron a ellos. No acepte esa respuesta. Se necesita el número de cuenta para el acreedor original porque usted no quiere pagar deuda de otra persona.

Después de recibir el número de cuenta para la deuda original escribirlo en su página de deuda.

Asegúrese de comprobar con AT&T que el número que le dieron es el número de una cuenta con ellos.

12. EL SECRETO DE LAS CUENTAS EN DISPUTA

Lo que debería haber hecho

- 9 carpetas
- Experian-Añadir cuenta
- Experian cuenta no es mía
- Experian cuenta mía

- Equifax-Añadir cuenta
- Equifax cuenta no es mía
- Equifax cuenta mia

- TransUnion-Añadir cuenta
- TransUnion no es mía
- TransUnion cuenta mía

Ahora tendrá una copia impresa de todas y cada una de sus deudas con los números originales de cada cuenta. También debe tener las cuentas que desee agregar.

Si no ha hecho estas cosas, regrese y hágalas de inmediato. Esto es absolutamente necesario.

REPASO - CONFIGURAR SUS CARPETAS DE ESTA MANERA:

TransUnion Añadir Cuenta	Equifax Añadir Cuenta	Experian Añadir Cuenta
TransUnion Cuenta no es mía	Equifax Cuenta no es mía	Experian Cuenta no es mía
TransUnion Cuenta es mía	Equifax Cuenta es mía	Experian Cuenta es mía

NUNCA DISPUTE LAS COSAS EN LINEA "ONLINE"

NECESITO DECIRLO UNA Y OTRA VEZ NUNCA DISPUTE NADA EN LÍNEA.

3 razones por las que usted no debe nunca disputar errores de crédito en línea

Razón número uno: tiempo

Un factor importante que tienea su lado cuando disputa errores en su informe de crédito es el tiempo. Por ley, las agencias de crédito tienen 30 días desde el recibo de esa disputa para investigar adecuadamente su reclamo. Sin embargo, esto sólo se aplica a informes distintos a los obtenidos gratuitamente en annualcreditreport.com. En ese caso, las agencias de crédito tienen 45 días para responder.

Como te dije antes no obtener su informe de annualcreditreport.com

Razón número dos: Ataje el proceso

El sistema de disputa online de agencias de crédito se configura de tal manera que cuando usted lo utiliza, hace el trabajo de ellos mucho más fácil. La información que usted pone en sus campos de disputa limitada cae justo en su sistema de verificación electrónica. Mediante su sistema de disputa online (E-OSCAR), usted no tiene ninguna prueba de la disputa o un rastro de papel que sirva de certificado de acuse de recibo solicitado le daría si había enviado esa disputa. Un aspecto importante de acelerar el proceso de recuperación de crédito registros meticulosos.

Si usted sorprende a las agencias de crédito en violación de la Fair Credit Reporting Act o una empresa de cobro en violación de la ley de prácticas justas de deuda colección, tendrá la munición necesaria para vencer en los tribunales y limpiar su buen nombre si tiene ir ruta.

Razón número tres: revisión no en su Favor

Cuando el Fair Credit Reporting Act fue revisado por FACTA, ponen en una sección 611a(8) sección "Acelerado de solución de controversias", también conocido como el sistema de disputa online. Si lees esta sección, usted notará lo siguiente;

Bien apartado 2 es la parte que requiere la CRA remitir su disputa y todo lo relacionado con documentación que proporcione el acreedor o la información a la oficina de la compañía. Párrafo 6 es la parte que requiere la CRA a proporcionarle por escrito resultados de la investigación a. Y párrafo 7 es la parte que requiere la CRA con el método de verificación a petición de usted, el consumidor.

Así como se puede ver, mediante el uso de la CRA en línea disputando sistema (E-OSCAR), que por cierto significa sistema electrónico en línea para la completa y precisa información (jajaja), no recibirá una notificación de las agencias de crédito diciendo que la información que usted disputa ha sido verificada como preciso, que, al recibir este aviso es lo que le permite solicitar el método de verificación (MOV). El Buró de crédito entonces debe proporcionarle esta información dentro de los 15 días de su solicitud.

Herramienta importante

Como se puede ver, el método de verificación es otra herramienta importante para el uso y una parte muy importante de acelerar el proceso de recuperación de crédito si desea eliminar un elemento descubierto por error, incompleto o no verificable durante la "auditoría de crédito y Proceso de verificación". Así que por qué le daría estos derechos ¿voluntariamente no menos?

Además, la ley no es suficientemente específica al no decir "permanentemente eliminar o suprimir"; Aquí se encuentra el problema. Las agencias (CRA) de informes de crédito pueden "borrar suave" una línea de comercio disputado durante 30 días y, a continuación, la línea de comercio puede reaparecer cuando el proveedor (acreedor o colector) rinde sus informes otra vez el día 30 siguiente ciclo. Esto es debido a que el CRA no tiene que decir el acreedor o colector que usted disputa, gracias a la "no deberán cumplir con los apartados 2" Si usted decide disputar un elemento en línea usted queda en desventaja.

Este es un sistema engañoso en donde usted, el consumidor aficionado, creo que usted puede han conseguido su disputa y conseguido lo que se conoce como "eliminación definitiva", pero en realidad, sólo es temporal. Puesto que el acreedor o proveedor de la información no sabe que el artículo fue borrado, equivocadamente le vuelve a reportar él y convenientemente, el Buró de crédito vuelve a colocar el elemento negativo en su informe. Y si eso no es malo, se pierde la copia impresa de los resultados de la investigación de lo contrario habría recibido y dado derecho si la disputa había sido enviada por correo certificado en primer lugar.

Otra vez, por disputar en la escritura, como la FTC afirma debería en su página web, las agencias podrían quitar temporalmente un elemento negativo (la eliminación suave) hasta que la información se verifica como verdadera pero... Si la información es verificada para ser verdad, entonces debe notificarle por escrito dentro de 5 días de poner el tema en su informe de crédito. Si no, es una violación de la FCRA y potencialmente podría demandarlos por $1,000.

Escuchar a la FTC

Hay una razón por la qué la FTC indica en su misma página web que debe disputar cada artículo que piense que no es exacto, incompleto o no verificable en su crédito por escrito y por correo certificado con "acuse de recibo"; es porque usted está protegido como un consumidor y disputando en línea electrónicamente, pierde muchos derechos bajo el FCRA. Esta es la razón principal por la que nunca debería de hacer esto.

DOS MEDIOS DE DISPUTA

1) disputar con la oficina de crédito.
2) disputar con la empresa de cobro/deudor original

Usted tiene derechos en ambas situaciones. Vamos a estar listos para eliminar esos elementos negativos.

DISPUTAS CON LAS OFICINAS DE CREDITO

Muchos de los elementos adversos de un informe de crédito pueden, de hecho, ser verdaderos.

Por lo tanto, si disputa los artículos adversos con un proceso de disputa tradicional, la mayoría de esas cuentas serán "verificadas" y se alojarán en su informe de crédito, por lo tanto, a su vez, manteniendo baja su puntuación FICO.

Eso no es lo que va a hacer.

La sección 609 de la ley de informes de crédito justos dice que no importa si la cuenta negativa es válida o no. La carta niega el derecho de la CRA a reportar la cuenta adversa

NO importa si la cuenta adversa es válida o no. Estas cartas solicitarán, en virtud de la sección 609 de la ley de informes de crédito justos, que la CRA le envíe una copia del contrato original que usted firmó, que se supone que ellos tienen.

Si están verificando la cuenta como válida/correcta entonces, por ley, se supone que tienen una copia de ese contrato para hacerlo. NO LA TIENEN. Y ya que no pueden proporcionarle una copia ni tampoco pueden verificar legalmente la cuenta.

Bajo la ley de reporte de crédito justo deben proporcionarle una copia si usted lo solicita. Dado que no podrán proporcionarle un documento de este tipo, la cuenta no será verificada y, de conformidad con la ley federal, todas las cuentas no verificadas deben eliminarse.

ACCIONES NECESARIAS EN DISPUTAS CON LAS OFICINAS DE CREDITO

Lo que debe hacer en su disputa con la oficina de crédito

1) primero debe escribir todas sus cartas. Sabemos que esto parece un montón de trabajo, pero vale la pena. Usted tiene que ser el cliente que realmente está discutiendo un artículo. No está utilizando una plantilla de sitio Web. Ha escrito sus cartas a mano.

2) todas las cartas deben ser notarizadas.

3) todas las cartas deben enviarse por correo certificado.

4) todas las cartas tienen que incluir su "formulario de identificación".

5) dispute 2 artículos con cada oficina de crédito a la vez.

DIRECCIONES DONDE ENVIAR LAS DISPUTAS

Experian (DIRECCION PARA SOLICITUDES DE DISPUTA)
P.O. Box 4500
Allen, TX 75013

Equifax Information Services LLC
P.O. Box 740256
Atlanta, GA 30374

TransUnion Consumer Solutions
P.O. Box 2000
Chester, PA 19022-2000

SIEMPRE ENVIE SUS DISPUTAS A ESTAS DIRECCIONES
Incluya este formulario en sus cartas a Equifax
http://www.equifax.com/cp/MailInDislcosureRequest.pdf

Incluya este formulario en sus cartas a TransUnion
https://www.transunion.com/docs/rev/personal/InvestigationRequest.pdf

CARTA DE PRIMERA GENERACION

Nombre
Dirección
Ciudad, estado
Zip
SSN: 000-00-0000 | DOB: 1/1/1970

Experian
P.O. Box 4500
Allen, TX 75013

De acuerdo con la sección 609 (a) (1) (A) de informes de crédito justos, usted está obligado por la ley federal a verificar-a través de la verificación física del contrato original firmado por el consumidor-todas las cuentas que publique en un reporte de crédito.

De lo contrario, cualquier persona que pague por sus servicios de informes podría enviar por fax, correo o correo electrónico en una cuenta fraudulenta. Exijo ver prueba verificable (un contrato de consumidor original con mi firma en él) que tiene en archivo de las cuentas enumeradas a continuación.

Su incapacidad para verificar positivamente estas cuentas ha perjudicada mi capacidad para obtener crédito.

Bajo el FCRA, las cuentas no verificadas deben ser eliminadas y si usted no puede proporcionarme una copia de prueba verificable, debe eliminar las cuentas enumeradas a continuación.

Exijo que las siguientes cuentas sean verificadas o eliminadas inmediatamente.

Cuenta 1 (AT&T) _ _ cuenta #_____
Cuenta 1 (SPRINT), _ _ cuenta #_____

Tenga en cuenta que he renunciado por escrito a sus términos de arbitraje forzado y estoy dispuesto a buscar alivio legal.

{Nombre impreso}
Firma
Fecha

EN testimonio de lo cual, dicho partido ha firmado y sellado estos regalos el día y el año primero escrito. Firmado, sellado y entregado en presencia de:

{Imprima su nombre aquí} _ _ _} _ firma

ESTADO DE

COUNTY OF

Por la presente Certifico que en este día antes de mí, un oficial debidamente calificado para tomar reconocimientos, apareció personalmente

{SU nombre aquí}, que ha producido la identificación y que ejecutó el instrumento anterior y él/ella reconoció ante mí que él/ella ejecutó el mismo.

TESTIGO de mi mano y el sello oficial en el condado y el estado se previó este día de _ _ _-2019.

_ _ _ _ _

Nombre impreso

CARTA EN INGLÉS:

Your Name
Address
City, State
Zip
SSN: 000-00-0000 | DOB: 1/1/1970

Experian
P.O. Box 4500
Allen, TX 75013

According to the Fair Credit Reporting Section 609 (a)(1)(A), you are required by federal law to verify - through the physical verification of the original signed consumer contract - any and all accounts you post on a credit report.

Otherwise, anyone paying for your reporting services could fax, mail or email in a fraudulent account. I demand to see Verifiable Proof (an original Consumer Contract with my Signature on it) you have on file of the accounts listed below.

Your failure to positively verify these accounts has hurt my ability to obtain credit.

Under the FCRA, unverified accounts must be removed and if you are unable to provide me a copy of verifiable proof, you must remove the accounts listed below.

I demand the following accounts be verified or removed immediately.

Account 1 (AT&T) _____ Account #_____
Account 1 (SPRINT) _____ Account #_____

Please note that I have opted out in writing to your forced arbitration terms and am willing to seek legal relief.

{Print Name}
{Signature}
{Date}

IN WITNESS WHEREOF, the said party has signed and sealed these presents the day and year first above written. Signed, sealed and delivered in the presence of:

{PRINT   YOUR   NAME   HERE}
_____ Signature

STATE OF
COUNTY OF

I HEREBY CERTIFY that on this day before me, an officer duly qualified to take acknowledgments, personally appeared
{ YOUR NAME HERE }, who has produced _____ as identification and who executed the foregoing instrument and he/she acknowledged before me that he/she executed the same.

WITNESS my hand and official seal in the County and State aforesaid this _____ day of _____ 2019.

_____ Notary Public

Printed Name
My commission expires:

PLANILLA DE IDENTIFICACION

Incluya su planilla de identificación:

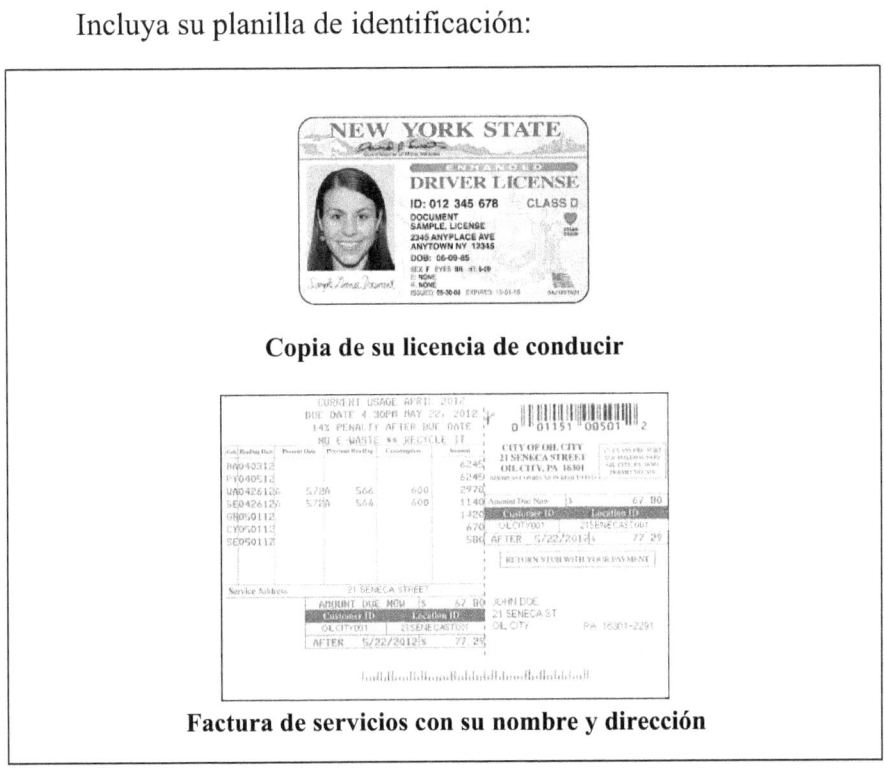

Copia de su licencia de conducir

Factura de servicios con su nombre y dirección

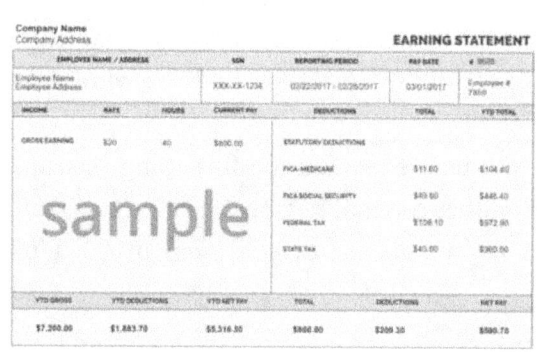

Talón de cheque de pago de nómna con su nombre y dirección

I declare under penalty of perjury (under the laws of the United States of America) that this identification provided is me

John Doe

Signature

Date

Ahora su carta está lista para enviar. Usted enviará su carta con el rastreo de correo prioritario(PRIORITY MAIL). Esta es su prueba de que la CRA recibe su carta (s).

Esto es una necesidad absoluta.

Presentar todos sus documentos.

RESULTADOS POSIBLES

Cuando envíe sus cartas notariadas a Equifax, TransUnion y Experian, podrían intentar ignorarlo.

Es posible que le envíen una respuesta diciendo que se envió una carta sospechosa en su nombre, pero que ha sido ignorada o puede intentar intimidar para evitar que continúe con sus disputas.

Aquí hay algunas respuestas.

"Recibimos una solicitud sospechosa con respecto a su información de crédito personal que hemos determinado que no fue enviada por usted. No hemos tomado ninguna medida en esta solicitud y las solicitudes futuras realizadas de esta manera no serán procesadas y no recibirán una respuesta."

También puede obtener algo como esto: "las solicitudes sospechosas son tomadas en serio y revisadas por el personal de seguridad que informará de actividades engañosas, incluyendo copias de cartas consideradas sospechosas, a los funcionarios encargados de hacer cumplir la ley y a los Estados o federales las agencias reguladoras.

También pueden solicitar una prueba de su identidad y solicitar que les envíe dicha prueba. Usted ya ha enviado un formulario de identificación de carta notarial con "declaro bajo pena de perjurio (bajo las leyes de los Estados Unidos de América) que esta identificación me proporciona"

Todas estas respuestas son geniales para ti. Muestran que las oficinas no están proporcionando información requerida y el tiempo pasa..

Están tratando de asustarle.

No pueden hacerle nada
Repita conmigo
No pueden asustarme **Persistiré y prevaleceré**
No pueden asustarme **Persistiré y prevaleceré**
No pueden asustarme **Persistiré y prevaleceré**

CARTA DE SEGUNDA GENERACION

Nombre
Dirección
Ciudad, estado
Zip
SSN: 000-00-0000 | DOB: 1/1/1970

Experian
P.O. Box 4500
Allen, TX 75013

De acuerdo con la sección 609 (a) (1) (A) de informes de crédito justos, usted está obligado por la ley federal a verificar-a través de la verificación física del contrato original firmado por el consumidor-todas las cuentas que publique en un reporte de crédito.

De lo contrario, cualquier persona que pague por sus servicios de informes podría enviar por fax, correo o correo electrónico en una cuenta fraudulenta. Exijo ver prueba verificable (un contrato de consumidor original con mi firma en él) que tiene en archivo de las cuentas enumeradas a continuación.

Su incapacidad para verificar positivamente estas cuentas ha perjudicada mi capacidad para obtener crédito.

Bajo el FCRA, las cuentas no verificadas deben ser eliminadas y si usted no puede proporcionarme una copia de prueba verificable, debe eliminar las cuentas enumeradas a continuación. Exijo que las siguientes cuentas sean verificadas o eliminadas inmediatamente.

Cuenta 1 (AT&T) _ _ cuenta #_____
Cuenta 1 (SPRINT), _ _ cuenta #_____

Tenga en cuenta que he renunciado por escrito a sus términos de arbitraje forzado y estoy dispuesto a buscar alivio legal.

{Nombre de impresión}
Firma
Fecha

EN testimonio de lo cual, dicho partido ha firmado y sellado estos regalos el día y el año primero escrito. Firmado, sellado y entregado en presencia de:

{Imprima su nombre aquí} _ _ _} _ firma
ESTADO DE
COUNTY OF

Por la presente Certifico que en este día antes de mí, un oficial debidamente calificado para tomar reconocimientos, apareció personalmente

{SU nombre aquí}, que ha producido la identificación y que ejecutó el instrumento anterior y él/ella reconoció ante mí que él/ella ejecutó el mismo.

TESTIGO de mi mano y el sello oficial en el condado y el estado se previó este día de _ _ _-2016.

_ _ _ _ _
Nombre impreso
Mi Comisión caduca:

CARTA SEGUNDA GENERACION EN INGLES:

Your Name
Address
City, State
Zip
SSN: 000-00-0000 | DOB: 1/1/1970

Experian
P.O. Box 4500
Allen, TX 75013

According to the Fair Credit Reporting Section 609 (a)(1)(A), you are required by federal law to verify - through the physical verification of the original signed consumer contract - any and all accounts you post on a credit report.

Otherwise, anyone paying for your reporting services could fax, mail or email in a fraudulent account. I demand to see Verifiable Proof (an original Consumer Contract with my Signature on it) you have on file of the accounts listed below.

Your failure to positively verify these accounts has hurt my ability to obtain credit.

Under the FCRA, unverified accounts must be removed and if you are unable to provide me a copy of verifiable proof, you must remove the accounts listed below. I demand the following accounts be verified or removed immediately.

Account 1 (AT&T) _____ Account #_____
Account 1 (SPRINT) _____ Account #_____

Please note that I have opted out in writing to your forced arbitration terms and am willing to seek legal relief.

{Print Name}
{Signature}
{Date}

IN WITNESS WHEREOF, the said party has signed and sealed these presents the day and year first above written. Signed, sealed and delivered in the presence of:

{PRINT YOUR NAME HERE} _____

Signature

STATE OF
COUNTY OF

I HEREBY CERTIFY that on this day before me, an officer duly qualified to take acknowledgments, personally appeared { YOUR NAME HERE }, who has produced _____ as identification and who executed the foregoing instrument and he/she acknowledged before me that he/she executed the same.

WITNESS my hand and official seal in the County and State aforesaid this _____ day of _____2019.

_____ Notary Public

Printed Name
My commission expires:

PLANILLA DE IDENTIFICACION - ENVIAR CON LA CARTA DE 2ª GENERACION

Copia de su licencia de conducir

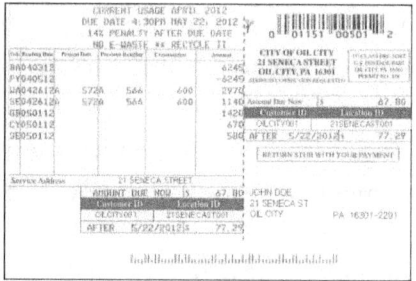

Factura de servicios con su nombre y dirección

Talón de cheque de pago de nómna con su nombre y dirección

> I declare under penalty of perjury (under the laws of the United States of America) that this identification provided is me
>
> John Doe
>
> Signature
>
> Date

Ahora su carta está lista para enviar. Usted enviará su carta con el rastreo de correo prioritario (**PRIORITY MAIL**). Esta es su prueba de que la CRA recibe su carta.

Esto es una necesidad absoluta. - ARCHIVAR TODOS LOS DOCUMENTOS.

CARTA DE TERCERA GENERACION

Nombre
Dirección
Ciudad, estado
Zip
SSN: 000-00-0000 | DOB: 1/1/1970

Experian
P.O. Box 4500
Allen, TX 75013

Tenga en cuenta que esta es mi tercera solicitud por escrito y ADVERTENCIA FINAL que tengo la intención de perseguir el litigio de acuerdo con el FCRA para hacer valer mis derechos y buscar alivio y recuperar todos los daños monetarios a los que pueda tener derecho en virtud de la sección 616 y la sección 617 con respecto a su continuo incumplimiento intencional y negligente.

A pesar de dos solicitudes escritas, los artículos no verificados enumerados a continuación todavía permanecen en mi informe de crédito en violación de la ley federal.

Usted está obligado bajo el FCRA a tener una copia de la documentación original de los acreedores en el expediente para verificar que esta información es mía y es correcta.

En los resultados de su primera investigación y subsiguiente reinvestigación, usted declaró por escrito que usted "comprobó" que estos artículos se están "reportando correctamente"?

¿Quién verificó estas cuentas? NO me ha proporcionado una copia de ninguna documentación original (un contrato de consumidor con mi firma en él) según lo requiera la sección 609 (a) (1) (A) y la sección 611 (a) (1) (A).

Además, no ha podido proporcionar el método de verificación según lo exigido en la sección 611 (a) (7).

Por favor, tenga en cuenta que bajo la sección 611 (5) (A) de la FCRA – usted está obligado a "... ELIMINAR rápidamente toda la información que no pueda ser verificada."

La ley es muy clara en cuanto a la responsabilidad civil y el remedio disponible para mí (sección 616 y 617) si usted no cumple con la ley federal. Soy un consumidor litigioso y tengo la plena intención de perseguir litigios en este asunto para hacer valer mis derechos bajo el FCRA.

Cuenta 1 (AT&T) _ _ cuenta #_____

Cuenta 1 (SPRINT), _ _ cuenta #_____

Tenga en cuenta que he renunciado por escrito a sus términos de arbitraje forzado y estoy dispuesto a buscar alivio legal.

{Nombre de impresión}

Firma

Fecha

EN testimonio de lo cual, dicho partido ha firmado y sellado estos regalos el día y el año primero escrito. Firmado, sellado y entregado en presencia de:

{Imprima su nombre aquí} _ _ _} _ firma
ESTADO DE
COUNTY OF

Por la presente Certifico que en este día antes de mí, un oficial debidamente calificado para tomar reconocimientos, apareció personalmente

{SU nombre aquí}, que ha producido la identificación y que ejecutó el instrumento anterior y él/ella reconoció ante mí que él/ella ejecutó el mismo.

TESTIGO de mi mano y el sello oficial en el condado y el estado se previó este día de _ _ _-2019.

_ _ _ _ _

Nombre impreso - Mi Comisión caduca _____

CARTA TERCERA GENERACION EN INGLES:

Your Name
Address
City, State
Zip
SSN: 000-00-0000 | DOB: 1/1/1970

Experian
P.O. Box 4500
Allen, TX 75013

Please be advised this is my THIRD WRITTEN REQUEST and FINAL WARNING that I fully intend to pursue litigation in accordance with the FCRA to enforce my rights and seek relief and recover all monetary damages that I may be entitled to under Section 616 and Section 617 regarding your continued willful and negligent noncompliance.

Despite two written requests, the unverified items listed below still remain on my credit report in violation of Federal Law.

You are required under the FCRA to have a copy of the original creditors documentation on file to verify that this information is mine and is correct.

In the results of your first investigation and subsequent reinvestigation, you stated in writing that you "verified" that these items are being "reported correctly" ?

Who verified these accounts? You have NOT provided me a copy of ANY original documentation (a consumer contract with my signature on it) as required under Section 609 (a)(1)(A) & Section 611 (a)(1)(A).

Furthermore you have failed to provide the method of verification as required under Section 611 (a) (7). Please be advised that under Section 611 (5)(A) of the FCRA – you are required to "…promptly DELETE all information which cannot be verified."

The law is very clear as to the Civil liability and the remedy available to me (Section 616 & 617) if you fail to comply with Federal Law. I am a litigious consumer and fully intend on pursuing litigation in this matter to enforce my rights under the FCRA.

Account 1 (AT&T) _____ Account #_____
Account 1 (SPRINT) _____ Account #_____

Please note that I have opted out in writing to your forced arbitration terms and am willing to seek legal relief.

{Print Name}
{Signature}
{Date}

IN WITNESS WHEREOF, the said party has signed and sealed these presents the day and year first above written. Signed, sealed and delivered in the presence of:

{PRINT YOUR NAME HERE} _____
Signature

STATE OF

COUNTY OF

I HEREBY CERTIFY that on this day before me, an officer duly qualified to take acknowledgments, personally appeared { YOUR NAME HERE }, who has produced _____ as identification and who executed the foregoing instrument and he/she acknowledged before me that he/she executed the same.

WITNESS my hand and official seal in the County and State aforesaid this _____ day of _____ 2019.

_____ Notary Public

Printed Name

My commission expires:

PLANILLA DE IDENTIFICACION - ENVIAR CON LA CARTA DE 3ª GENERACION

Copia de su licencia de conducir

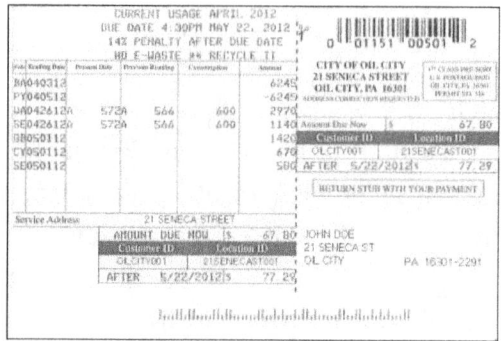

Factura de servicios con su nombre y dirección

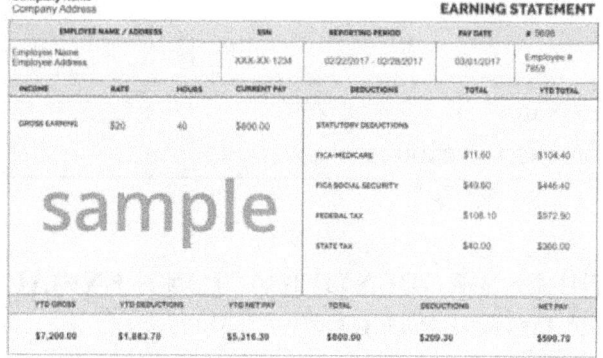

Talón de cheque de pago de nómna con su nombre y dirección

I declare under penalty of perjury (under the laws of the United States of America) that this identification provided is me

John Doe

Signature

Date

Ahora su carta está lista para enviar. **Usted enviará su carta con el rastreo de correo prioritario (PRIORITY MAIL). Esta es su prueba de que la CRA recibe su carta.**

Esto es una necesidad absoluta. - **ARCHIVAR TODOS LOS DOCUMENTOS.**

CARTA DE CUARTA GENERACION

Nombre
Dirección Ciudad, estado Zip
SSN: 000-00-0000 | DOB: 1/1/1970

Experian
P.O. Box 4500
Allen, TX 75013

Aviso de litigio pendiente en busca de alivio y daños monetarios bajo la sección de FCRA 616 y sección 617 por favor acepte esta oferta escrita final de acuerdo antes del litigio como mi intento de resolver amistosamente su continua violación de la ley de informes de crédito justos Acerca de su rechazo a eliminar la información no verificada de mi archivo de consumidor.

Pretendo perseguir litigios de acuerdo con el FCRA para buscar alivio y recuperar todos los daños monetarios a los que pueda tener derecho en virtud de la sección 616 y la sección 617 si los artículos no verificados enumerados a continuación no se eliminan inmediatamente.

Una copia de esta carta, así como copias de las tres cartas escritas que se le enviaron anteriormente, también se convertirá en parte de una queja formal ante la Comisión Federal de comercio y se utilizará como evidencia en litigios pendientes siempre que usted no cumpla con esta oferta de SAP ente. A pesar de tres solicitudes escritas, los artículos no verificados enumerados a continuación todavía permanecen en mi informe de crédito en violación de la ley federal.

Usted está obligado bajo el FCRA a tener una copia de la documentación original de los acreedores en el expediente para verificar que esta información es mía y es correcta. En los resultados de sus investigaciones, usted indicó por escrito que usted "verificó" que estos artículos están siendo "reportados correctamente"? ¿Quién verificó estas cuentas?

NO me ha proporcionado una copia de ninguna documentación original (un contrato de consumidor con mi firma en él) según lo requiera la sección 609 (a) (1) (A) y la sección 611 (a) (1) (A). Además, no ha podido proporcionar el método de verificación según lo exigido en la sección 611 (a) (7). Por favor, tenga en cuenta que bajo la sección 611 (5) (A) de la FCRA – usted está obligado a "... ELIMINAR rápidamente toda la información que no pueda ser verificada."

La ley es muy clara en cuanto a la responsabilidad civil y el remedio disponible para mí (sección 616 y 617) si usted no cumple con la ley federal. Soy un consumidor litigioso y tengo la plena intención de perseguir litigios en este asunto para hacer valer mis derechos bajo el FCRA.

Cuenta 1 (AT&T) _ _ cuenta #_____

Cuenta 1 (SPRINT), _ _ cuenta #_____

Tenga en cuenta que he renunciado por escrito a sus términos de arbitraje forzado y estoy dispuesto a buscar alivio legal.

{Nombre impreso}

Firma

Fecha

EN testimonio de lo cual, dicho partido ha firmado y sellado estos regalos el día y el año primero escrito. Firmado, sellado y entregado en presencia de:

{Imprima su nombre aquí} _ _ _} _ firma

ESTADO DE

COUNTY OF

Por la presente Certifico que en este día antes de mí, un oficial debidamente calificado para tomar reconocimientos, apareció personalmente

{SU nombre aquí}, que ha producido la identificación y que ejecutó el instrumento anterior y él/ella reconoció ante mí que él/ella ejecutó el mismo.

TESTIGO de mi mano y el sello oficial en el condado y el estado se previó este día de

_ _ _-2019. _____Nombre impreso. Mi Comisión caduca:

CARTA DE CUARTA GENERACION EN INGLES:

Your Name
Address
City, State, Zip

SSN: 000-00-0000 | DOB: 1/1/1970

Experian
P.O. Box 4500
Allen, TX 75013

NOTICE OF PENDING LITIGATION SEEKING RELIEF AND MONETARY DAMAGES UNDER FCRA SECTION 616 & SECTION 617 Please accept this final written OFFER OF SETTLEMENT BEFORE LITIGATION as my attempt to amicably resolve your continued violation of the Fair Credit Reporting Act regarding your refusal to delete UNVERIFIED information from my consumer file.

I intend to pursue litigation in accordance with the FCRA to seek relief and recover all monetary damages that I may be entitled to under Section 616 and Section 617 if the UNVERIFIED items listed below are not deleted immediately.

A copy of this letter as well as copies of the three written letters sent to you previously will also become part of a formal complaint to the Federal Trade Commission and shall be used as evidence in pending litigation provided you fail to comply with this offer of settlement. Despite three written requests, the unverified items listed below still remain on my credit report in violation of Federal Law.

You are required under the FCRA to have a copy of the original creditors documentation on file to verify that this information is mine and is correct. In the results of your investigations, you stated in writing that you "verified" that these items are being "reported correctly"? Who verified these accounts?

You have NOT provided me a copy of ANY original documentation (a consumer contract with my signature on it) as required under Section 609 (a)(1)(A) & Section 611 (a)(1)(A).

Furthermore you have failed to provide the method of verification as required under Section 611 (a) (7). Please be advised that under Section 611 (5)(A) of the FCRA – you are required to "...promptly DELETE all information which cannot be verified."

The law is very clear as to the Civil liability and the remedy available to me (Section 616 & 617) if you fail to comply with Federal Law. I am a litigious consumer and fully intend on pursuing litigation in this matter to enforce my rights under the FCRA.

Account 1 (AT&T) _____ Account #_____
Account 1 (SPRINT) _____ Account #_____

Please note that I have opted out in writing to your forced arbitration terms and am willing to seek legal relief.

{Print Name}

{Signature} {Date}

IN WITNESS WHEREOF, the said party has signed and sealed these presents the day and year first above written. Signed, sealed and delivered in the presence of:

{PRINT YOUR NAME HERE} _____
Signature

STATE OF

COUNTY OF

I HEREBY CERTIFY that on this day before me, an officer duly qualified to take acknowledgments, personally appeared {YOUR NAME HERE }, who has produced _____ as identification and who executed the foregoing instrument and he/she acknowledged before me that he/she executed the same.

WITNESS my hand and official seal in the County and State aforesaid this _____ day of _____2019.

_____ Notary Public

Printed Name My commission expires:

PLANILLA DE IDENTIFICACION - ENVIAR CON LA CARTA DE 4ª GENERACION

Copia de su licencia de conducir

Factura de servicios con su nombre y dirección

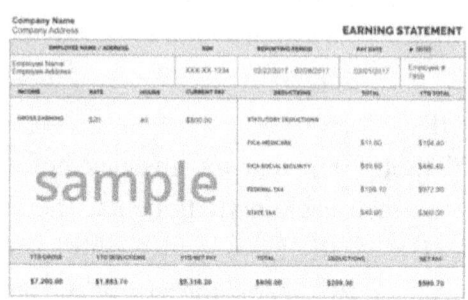

Talón de cheque de pago de nómna con su nombre y dirección

I declare under penalty of perjury (under the laws of the United States of America) that this identification provided is me

John Doe

Signature

Date

Ahora su carta está lista para enviar. Usted enviará su carta con el rastreo de correo prioritario (**PRIORITY MAIL**). Esta es su prueba de que la CRA recibe su carta.

Esto es una necesidad absoluta. - ARCHIVAR TODOS LOS DOCUMENTOS.

CARTA DE QUINTA GENERACION

Nombre
Dirección
Ciudad, estado, Zip
SSN: 000-00-0000 | DOB: 1/1/1970
Experian
P.O. Box 4500 Allen, TX 75013

Aviso de litigio pendiente en busca de alivio y daños monetarios bajo la sección de FCRA 616 y sección 617 por favor acepte esta oferta escrita final de acuerdo antes del litigio como mi intento de resolver amistosamente su continua violación de la ley de informes de crédito justos Acerca de su rechazo a eliminar la información no verificada de mi archivo de consumidor.

Pretendo perseguir litigios de acuerdo con el FCRA para buscar alivio y recuperar todos los daños monetarios a los que pueda tener derecho en virtud de la sección 616 y la sección 617 si los artículos no verificados enumerados a continuación no se eliminan inmediatamente.

Una copia de esta carta, así como copias de las tres cartas escritas que se le enviaron anteriormente, también se convertirá en parte de una queja formal ante la Comisión Federal de comercio y se utilizará como evidencia en litigios pendientes siempre que usted no cumpla con esta oferta de SAP ente. A pesar de tres solicitudes escritas, los artículos no verificados enumerados a continuación todavía permanecen en mi informe de crédito en violación de la ley federal. Usted está obligado bajo el FCRA a tener una copia de la documentación original de los acreedores en el expediente para verificar que esta información es mía y es correcta. En los resultados de sus investigaciones, usted indicó por escrito que usted "verificó" que estos artículos están siendo "reportados correctamente"? ¿Quién verificó estas cuentas?

NO me ha proporcionado una copia de ninguna documentación original (un contrato de consumidor con mi firma en él) según lo requiera la sección 609 (a) (1) (A) y la sección 611 (a) (1) (A). Además, no ha podido proporcionar el método de verificación según lo exigido en la sección 611 (a) (7). Por favor, tenga en cuenta que bajo la sección 611 (5) (A) de la FCRA – usted está obligado a "... ELIMINAR rápidamente toda la información que no pueda ser verificada." La ley es muy clara en cuanto a la responsabilidad civil y el remedio disponible para mí (sección 616 y 617) si usted no cumple con la ley federal. Soy un consumidor litigioso y tengo la plena intención de perseguir litigios en este asunto para hacer valer mis derechos bajo el FCRA.

    Cuenta 1 (AT&T) _ _ cuenta #_____

    Cuenta 1 (SPRINT), _ _ cuenta #_____

    Si no consigo la documentación adecuada voy a llenar mi queja en:

    www.consumerfinance.gov/Complaint/ Y www.ftccomplaintassistant.gov/

    Tenga en cuenta que he renunciado por escrito a sus términos de arbitraje forzado y estoy dispuesto a buscar alivio legal.

    {Nombre de impresión}

    Firma, Fecha

    EN testimonio de lo cual, dicho partido ha firmado y sellado estos regalos el día y el año primero escrito. Firmado, sellado y entregado en presencia de:

    {Imprima su nombre aquí} _ _ _} _ firma

ESTADO DE COUNTY OF

    Por la presente Certifico que en este día antes de mí, un oficial debidamente calificado para tomar reconocimientos, apareció personalmente {SU nombre aquí}, que ha producido la identificación y que ejecutó el instrumento anterior y él/ella reconoció ante mí que él/ella ejecutó el mismo.

    TESTIGO de mi mano y el sello oficial en el condado y el estado se previó este día de _ _ _ -2019. _____Nombre impreso. Mi Comisión caduca:

CARTA DE QUINTA GENERACION EN INGLES:

Your Name
Address
City, State Zip
SSN: 000-00-0000 | DOB: 1/1/1970
Experian
P.O. Box 4500
Allen, TX 75013

NOTICE OF PENDING LITIGATION SEEKING RELIEF AND MONETARY DAMAGES UNDER FCRA SECTION 616 & SECTION 617 Please accept this final written OFFER OF SETTLEMENT BEFORE LITIGATION as my attempt to amicably resolve your continued violation of the Fair Credit Reporting Act regarding your refusal to delete UNVERIFIED information from my consumer file.

I intend to pursue litigation in accordance with the FCRA to seek relief and recover all monetary damages that I may be entitled to under Section 616 and Section 617 if the UNVERIFIED items listed below are not deleted immediately.

A copy of this letter as well as copies of the three written letters sent to you previously will also become part of a formal complaint to the Federal Trade Commission and shall be used as evidence in pending litigation provided you fail to comply with this offer of settlement. Despite three written requests, the unverified items listed below still remain on my credit report in violation of Federal Law.

You are required under the FCRA to have a copy of the original creditors documentation on file to verify that this information is mine and is correct. In the results of your investigations, you stated in writing that you "verified" that these items are being "reported correctly"? Who verified these accounts?

You have NOT provided me a copy of ANY original documentation (a consumer contract with my signature on it) as required under Section 609 (a)(1)(A) & Section 611 (a)(1)(A).

Furthermore you have failed to provide the method of verification as required under Section 611 (a) (7). Please be advised that under Section 611 (5)(A) of the FCRA – you are required to "…promptly DELETE all information which cannot be verified."

The law is very clear as to the Civil liability and the remedy available to me (Section 616 & 617) if you fail to comply with Federal Law. I am a litigious consumer and fully intend on pursuing litigation in this matter to enforce my rights under the FCRA.

Account 1 (AT&T) _____ Account #_____
Account 1 (SPRINT) _____ Account #_____

If I don't get proper documentation I will be filling my complaint at: www.consumerfinance.gov/Complaint/ and www.ftccomplaintassistant.gov/

Please note that I have opted out in writing to your forced arbitration terms and am willing to seek legal relief.

{Print Name} {Signature} {Date}

IN WITNESS WHEREOF, the said party has signed and sealed these presents the day and year first above written. Signed, sealed and delivered in the presence of:

{PRINT YOUR NAME HERE} _____
Signature

STATE OF
COUNTY OF

I HEREBY CERTIFY that on this day before me, an officer duly qualified to take acknowledgments, personally appeared { YOUR NAME HERE }, who has produced _____ as identification and who executed the foregoing instrument and he/she acknowledged before me that he/she executed the same.

WITNESS my hand and official seal in the County and State aforesaid this _____ day of _____2019.

_____ Notary Public

Printed Name My commission expires:

PLANILLA DE IDENTIFICACION - ENVIAR CON LA CARTA DE 5ª GENERACION

Copia de su licencia de conducir

Factura de servicios con su nombre y dirección

Talón de cheque de pago de nómna con su nombre y dirección

> I declare under penalty of perjury (under the laws of the United States of America) that this identification provided is me
>
> John Doe
>
> Signature
>
> Date

Ahora su carta está lista para enviar. Usted enviará su carta con el rastreo de correo prioritario (PRIORITY MAIL). Esta es su prueba de que la CRA recibe su carta.

Esto es una necesidad absoluta. - ARCHIVAR TODOS LOS DOCUMENTOS.

FORMULARIO DE RECLAMOS MENORES (SMALL CLAIMS FORM) INCLUIDO

Con esta 6ta carta adjuntar una copia de un formulario de la corte de reclamos pequeños. Llénelo completamente como si estuviera listo para presentar la reclamación.

Ahora no lo haga en realidad, sólo llénelo. Usted puede conseguir un formulario de forma gratuita en la corte local. **Nombre al FBI como el acusado.**

El caso que usted presenta contra ellos es por:

Negación negligente e intencional de proporcionar-a través de la verificación física del contrato de consumidor firmado original-todas y cada una de las cuentas que ellos publican en un informe de crédito.

En la sección de infracciones 609 (a) (1) (A), FCRA negligencia y deliberada negación en la reinvestigación de las participaciones disputadas en violación de las secciones 611 (a), 616, y 617 de la FCRA, 15 U.S.C. § § 1681i (a), 1681n, 1681o "

CARTA DE LA SEXTA GENERACION

Nombre
Dirección
Ciudad, estado, Zip
SSN: 000-00-0000 | DOB: 1/1/1970
Experian
P.O. Box 4500
Allen, TX 75013

Aviso de litigio pendiente en busca de alivio y daños monetarios bajo la sección de FCRA 616 y sección 617 por favor acepte esta oferta escrita final de acuerdo antes del litigio como mi intento de resolver amistosamente su continua violación de la ley de informes de crédito justos Acerca de su rechazo a eliminar la información no verificada de mi archivo de consumidor.

Pretendo perseguir litigios de acuerdo con el FCRA para buscar alivio y recuperar todos los daños monetarios a los que pueda tener derecho en virtud de la sección 616 y la sección 617 si los artículos no verificados enumerados a continuación no se eliminan inmediatamente.

Una copia de esta carta, así como copias de las tres cartas escritas que se le enviaron anteriormente, también se convertirá en parte de una queja formal ante la Comisión Federal de comercio y se utilizará como evidencia en litigios pendientes siempre que usted no cumpla con esta oferta de SAP ente. A pesar de tres solicitudes escritas, los artículos no verificados enumerados a continuación todavía permanecen en mi informe de crédito en violación de la ley federal

Usted está obligado bajo el FCRA a tener una copia de la documentación original de los acreedores en el expediente para verificar que esta información es mía y es correcta. En los resultados de sus investigaciones, usted indicó por escrito que usted "verificó" que estos artículos están siendo "reportados correctamente"? ¿Quién verificó estas cuentas?

NO me ha proporcionado una copia de ninguna documentación original (un contrato de consumidor con mi firma en él) según lo requiera la sección 609 (a) (1) (A) y la sección 611 (a) (1) (A).

Además, no ha podido proporcionar el método de verificación según lo exigido en la sección 611 (a) (7). Por favor, tenga en cuenta que bajo la sección 611 (5) (A) de la FCRA – usted está obligado a "... ELIMINAR rápidamente toda la información que no pueda ser verificada."

La ley es muy clara en cuanto a la responsabilidad civil y el remedio disponible para mí (sección 616 y 617) si usted no cumple con la ley federal. Soy un consumidor litigioso y tengo la plena intención de perseguir litigios en este asunto para hacer valer mis derechos bajo el FCRA.

Cuenta 1 (AT&T) _ _ cuenta #_____

Cuenta 1 (SPRINT), _ _ cuenta #_____

Si no consigo la documentación adecuada voy a llenar mi queja en:

www.consumerfinance.gov/Complaint/

Y

www.ftccomplaintassistant.gov/

Tenga en cuenta que he renunciado por escrito a sus términos de arbitraje forzado y estoy dispuesto a buscar alivio legal.

{Nombre de impresión}

Firma

Fecha

EN testimonio de lo cual, dicho partido ha firmado y sellado estos regalos el día y el año primero escrito. Firmado, sellado y entregado en presencia de:

{Imprima su nombre aquí} _ _ _} _ firma

ESTADO DE

COUNTY OF

Por la presente Certifico que en este día antes de mí, un oficial debidamente calificado para tomar reconocimientos, apareció personalmente

{SU nombre aquí}, que ha producido la identificación y que ejecutó el instrumento anterior y él/ella reconoció ante mí que él/ella ejecutó el mismo.

TESTIGO de mi mano y el sello oficial en el condado y el estado se previó este día de _ _ -2019.

_ _ _ _ _
Nombre impreso
Mi Comisión caduca:

CARTA DE SEXTA GENERACION EN INGLES:

Your Name
Address
City, State, Zip
 SSN: 000-00-0000 | DOB: 1/1/1970
Experian
P.O. Box 4500
Allen, TX 75013

NOTICE OF PENDING LITIGATION SEEKING RELIEF AND MONETARY DAMAGES UNDER FCRA SECTION 616 & SECTION 617 Please accept this final written OFFER OF SETTLEMENT BEFORE LITIGATION as my attempt to amicably resolve your continued violation of the Fair Credit Reporting Act regarding your refusal to delete UNVERIFIED information from my consumer file.

I intend to pursue litigation in accordance with the FCRA to seek relief and recover all monetary damages that I may be entitled to under Section 616 and Section 617 if the UNVERIFIED items listed below are not deleted immediately.

A copy of this letter as well as copies of the three written letters sent to you previously will also become part of a formal complaint to the Federal Trade Commission and shall be used as evidence in pending litigation provided you fail to comply with this offer of settlement. Despite three written requests, the unverified items listed below still remain on my credit report in violation of Federal Law.

You are required under the FCRA to have a copy of the original creditors documentation on file to verify that this information is mine and is correct. In the results of your investigations, you stated in writing that you "verified" that these items are being "reported correctly"? Who verified these accounts?

You have NOT provided me a copy of ANY original documentation (a consumer contract with my signature on it) as required under Section 609 (a)(1)(A) & Section 611 (a)(1)(A). Furthermore you have failed to provide the method of verification as required under Section 611 (a) (7). Please be advised that under Section 611 (5)(A) of the FCRA – you are required to "…promptly DELETE all information which cannot be verified."

The law is very clear as to the Civil liability and the remedy available to me (Section 616 & 617) if you fail to comply with Federal Law. I am a litigious consumer and fully intend on pursuing litigation in this matter to enforce my rights under the FCRA.

Account 1 (AT&T) _____ Account #_____

Account 1 (SPRINT) _____ Account #_____

If I don't get proper documentation I will be filling my complaint at:

www.consumerfinance.gov/Complaint/ and www.ftccomplaintassistant.gov/

Please note that I have opted out in writing to your forced arbitration terms and am willing to seek legal relief.

{Print Name}

{Signature} {Date}

IN WITNESS WHEREOF, the said party has signed and sealed these presents the day and year first above written. Signed, sealed and delivered in the presence of:

{PRINT YOUR NAME HERE} _____ Signature

STATE OF

COUNTY OF

I HEREBY CERTIFY that on this day before me, an officer duly qualified to take acknowledgments, personally appeared { YOUR NAME HERE }, who has produced _____ as identification and who executed the foregoing instrument and he/she acknowledged before me that he/she executed the same.

WITNESS my hand and official seal in the County and State aforesaid this _____ day of _____ 2019. _____ Notary Public

Printed Name My commission expires:

PLANILLA DE IDENTIFICACION - ENVIAR CON LA CARTA DE 6ª GENERACION

Copia de su licencia de conducir

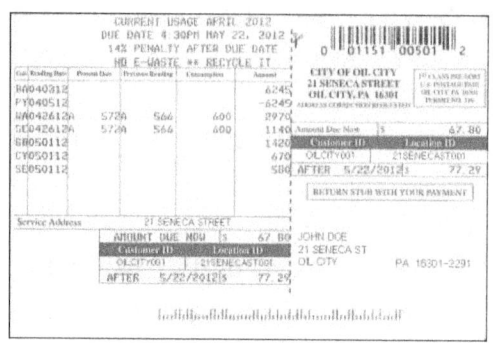

Factura de servicios con su nombre y dirección

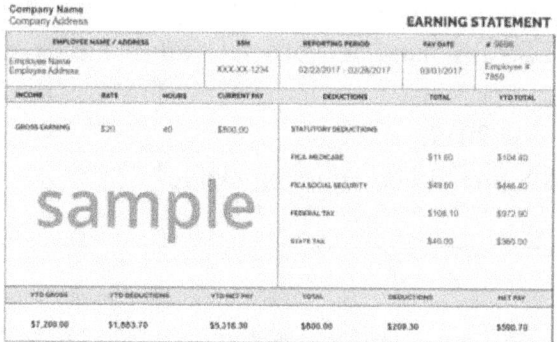

Talón de cheque de pago de nómna con su nombre y dirección

I declare under penalty of perjury (under the laws of the United States of America) that this identification provided is me

John Doe

Signature

Date

Ahora su carta está lista para enviar. Usted enviará su carta con el rastreo de correo prioritario (**PRIORITY MAIL**). Esta es su prueba de que la CRA recibe su carta.

Esto es una necesidad absoluta. - ARCHIVAR TODOS LOS DOCUMENTOS.

PRESENTAR SU QUEJA

Usted tendrá presentar su queja aquí:
www.consumerfinance.gov/Complaint/
escanear todos sus documentos enviados a las oficinas y sus respuestas. Usted podrá subirlos a ese sitio Web.

DISPUTA CON EL DEUDOR ORIGINAL

ANTES DE DISPUTAR CON EL ACREEDOR ORIGINAL DEBE HABER DISCUTIDO CON LAS AGENCIAS DE CRÉDITO.

Cómo discutir el listado con el acreedor original

Los acreedores son las empresas que inicialmente informaron de su cuenta a las agencias de crédito y muchas veces no tienen registro de su cuenta en absoluto. Por ley tienen que retirar su cuenta si este es el caso y no tienen pruebas.

Aquí está la ley exacta en el FCRA:

§ 623. un (8) CAPACIDAD DEL CONSUMIDOR PARA DISPUTAR INFORMACIÓN DIRECTAMENTE CON FURNISHER

(A) en general, las agencias bancarias federales, la administración nacional de la Unión de crédito y la Comisión prescribirán conjuntamente reglamentos que determinen las circunstancias en las que se requerirá que un Claudia amueblado vuelva a investigar una controversia relativa a la exactitud de la información contenida en un informe del consumidor sobre el consumidor, sobre la base de una solicitud directa de un consumidor.

(B) consideraciones-en los reglamentos de prescripción previstos en el apartado A), los organismos ponderarán--

(i) los beneficios para los consumidores con los costos de los presentadores y el sistema de información crediticia;

(II) el impacto en la precisión general y la integridad de los informes de los consumidores de dichos requisitos;

(III) si el contacto directo por parte del consumidor con el Claudia amueblado daría lugar probablemente a la resolución más expedita de cualquier disputa; Y

(IV) el impacto potencial en el proceso de información crediticia si las organizaciones de reparación de créditos, según se definen en el artículo 403 (3), incluidas las entidades que serían una organización de reparación de créditos, pero para el artículo 403 (3) (B) (i), pueden eludir la prohibición en apartado G).

(C) la aplicabilidad de los apartados D) a G) se aplicará en cualquier circunstancia identificada con arreglo A los reglamentos promulgados en virtud del apartado A).

(D) presentar un aviso de disputa-un consumidor que busca disputar la exactitud de la información deberá proporcionar un aviso de disputa directamente a dicha persona en la dirección especificada por la persona para tales avisos que--

(i) identifique la información específica que se discute;

(II) explique la base de la controversia; Y

(III) incluya toda la documentación justificativa requerida por el Claudia amueblado para justificar la base de la disputa.

(E) deber de persona después de recibir el aviso de disputa-después de recibir un aviso de disputa de un consumidor de conformidad con el apartado (D), la persona que proporcionó la información en disputa a una agencia de informes de consumidores deberá--

(i) llevar a cabo una investigación con respecto a la información controvertida;

(II) revisará toda la información pertinente facilitada por el consumidor con el aviso;

(III) completar la investigación de la controversia por parte de esa persona y reportar los resultados de la investigación al consumidor antes de que expire el período en virtud del artículo 611 (a) (1) en el que un organismo informante del consumidor estaría obligado a completar su acción si el consumidor había optado por impugnar la información de esa sección; Y

(IV) si la investigación constata que la información notificada es inexacta, notifique con prontitud a cada organismo informante del consumidor a la que la persona haya informado la información inexacta de esa determinación y facilite al organismo cualquier corrección a ese información necesaria para que la información facilitada por la persona sea precisa.

(F) DISPUTA FRÍVOLA O IRRELEVANTE-

(i) en GENERAL-este párrafo no será de aplicación si la persona que recibe un aviso de una controversia de un consumidor determina razonablemente que la controversia es frívola o irrelevante, incluyendo--

(I) por la incapacidad de un consumidor de proporcionar información suficiente para investigar la información controvertida; O

(II) la presentación por parte de un consumidor de una controversia que sea sustancialmente la misma que una controversia presentada previamente por o para el consumidor, ya sea directamente a la persona o a través de un organismo informante del consumidor en virtud de la subsección (b), con respecto a la cual la persona ha realizado ya las obligaciones de la persona en virtud de este párrafo o subsección (b), según proceda.

(II) Aviso de determinación-al formular cualquier determinación en virtud de la cláusula (i) de que una controversia es frívola o irrelevante, la persona notificará al consumidor de dicha determinación a más tardar 5 días hábiles después de realizar dicha determinación, por correo o, si autorizado por el consumidor para tal fin, por cualquier otro medio disponible para la persona.

(III) contenido del aviso-una notificación bajo la cláusula (II) incluirá--

(I) los motivos de la determinación en virtud de la cláusula i); Y

(II) la identificación de cualquier información requerida para investigar la información disputada, que puede consistir en un formulario estandarizado que describa la naturaleza general de dicha información.

Y

§ 623. (b) deberes de los informadores de información previa notificación de disputa.

(1) en general. Después de recibir el aviso de conformidad con el artículo 611 (a) (2) [§ 1681i] de una disputa con respecto a la integridad o exactitud de cualquier información proporcionada por una persona a una agencia de informes de consumidores, la persona deberá

(A) llevar a cabo una investigación con respecto a la información controvertida;

(B) revisará toda la información pertinente facilitada por la Agencia de información al consumidor de conformidad con el artículo 611 (a) (2) [§ 1681i];

(C) reportar los resultados de la investigación al organismo informante del consumidor;

(D) si la investigación constata que la información es incompleta o inexacta, informe de esos resultados a todos los demás organismos de información al consumidor a los que la persona haya dado los datos y que compilen y mantengan archivos sobre los consumidores a nivel nacional; Y

(E) si se considera que un elemento de información disputado por un consumidor es inexacto o incompleto o no puede ser verificado después de cualquier reinvestigación en virtud del párrafo 1), a efectos de informar a un organismo de información al consumidor únicamente, según proceda, basándose en los resultados del reinvestigación de inmediato--

(i) modificar ese elemento de información;

(II) suprimir ese elemento de información; O

(III) bloquee permanentemente la notificación de ese elemento de información.

En los términos de Layman

Ahora que tu cabeza está girando con toda esa ley, esto es lo que realmente significa.

Básicamente, puede impugnar la información colocada en su informe de crédito por un acreedor original de la misma manera que lo haría con una oficina de crédito. Un acreedor original debe hacer lo siguiente.

Llevar a cabo una investigación de la disputa.

Revisar toda la información facilitada por el consumidor en relación con la controversia.

Responda en un plazo de 30 días a la investigación.

Si la información es inexacta, debe notificar a las agencias de crédito del error y decirle a la oficina de crédito que la corrija.

Sin embargo, el acreedor también puede determinar que la disputa es frívola al igual que una oficina de crédito puede. Algunas razones por las que una disputa puede ser frívola.

Usted acaba de disputar lo mismo sin cambiar el motivo de la disputa.

No ha proporcionado suficiente información para que el acreedor lleve a cabo una investigación. Como mínimo, debe identificar la cuenta por número de cuenta y proporcionar una razón por la que está disputando.

Si el acreedor determina que la disputa es frívola, debe notificarle por escrito por cualquier otro medio disponible para la persona dentro de los 5 días.

Si el acreedor no cumple con la ley

Si el acreedor original no cumple con su disputa, está violando el FCRA, pero no puede demandarlos a menos que haya discutido con las agencias de crédito primero.

Disputar con la Agencia de crédito primero no es algo que pueda hacer un atajo u olvidar. Con el fin de colocar la responsabilidad de reportar con precisión directamente sobre los hombros del acreedor, usted debe haber disputado el listado con las agencias de crédito. Esto significa que usted tiene ya sea en línea, a través del teléfono o por escrito, disputó un listado con las agencias de crédito y luego esperó a los resultados de la investigación.

Aquí está la ley que impone el hecho de que usted debe discutir con la oficina de crédito primero:

§ 623. (c) limitación de responsabilidad-salvo lo dispuesto en la sección 621 (c) (1) (B), las secciones 616 y 617 no se aplican a ninguna violación de--

(1) subsección (a) de esta sección, incluyendo cualquier reglamentación emitida en virtud de la misma;

(2) subsección (e) de esta sección, excepto que nada en este párrafo limitará, ampliará o afectará de otro modo la responsabilidad en virtud de la sección 616 o 617, según corresponda, por violaciones del inciso (b) de esta sección;

Las secciones 616 y 617 del FCRA hablan de cuánto son las multas por violaciones del FCRA (el incumplimiento intencional y negligente), típicamente $1.000.

Lo que la sección anterior de la FCRA § 623 (c) significa es que si usted disputa con los acreedores originales primero, sin tener que discutir a través de las agencias de crédito, y se niegan a responderle, o proporcionarle pruebas, sí, están en violación de la FCRA , pero usted como ciudadano privado no puede llevarlos a juicio y demandarlos; sólo sus autoridades estatales (como su fiscal general del estado) o las autoridades federales (como la FTC) pueden demandarlos.

Sin embargo, si usted ha disputado la información con las agencias de crédito primero, se supone que han hablado con el acreedor original, a pesar de que sabemos que no sucede, y el acreedor original se supone que en ese momento llevó a cabo una investigación, bajo el FCRA § 623 (b), bajo el cual usted, como ciudadano privado, puede demandarlos. Cuando usted va al acreedor original bajo el FCRA § 623 (a) (8), usted simplemente está pidiendo la prueba del OC de que deben haber proporcionado a las agencias de crédito durante la investigación exhaustiva del OC. Si no tienen ninguna prueba de información negativa, pero la oficina de crédito dice que los resultados de la investigación muestran que la información negativa es exacta, entonces usted tiene el OC en una ofensiva accionable, demandar-capaz (por usted).

Una vez más, usted debe discutir con las agencias de crédito primero-¿hemos dicho esto con la suficiente frecuencia?

Pasos para disputar con el acreedor original

¿Cuál es el procedimiento exacto cuando desea disputar cosas con el acreedor original?

Los pasos:

Disputa el listado con la oficina de crédito.

Esperen los resultados de la investigación.

Si el anuncio se elimina o se modifica según sus deseos, ¡ ya está!

Si el aparato de información no le vuelve a recibir en un plazo de 30 días:

Usted necesita enviar una carta al departamento legal de la compañía informándoles que están violando el FCRA y que tiene la intención de demandar si no eliminan el listado.

Si no eliminan la lista, tendrá que demandar si desea quitarla.

Si el informador de información dice que se verifican los resultados de la investigación, entonces:

Llame a la compañía de la tarjeta de crédito y pregúntales qué tipo de documentación tienen para probar la marca negativa. Muchas veces no tendrán nada.

CARTA AL DEUDOR ORIGINAL

Nombre
Dirección Ciudad, estado, Zip
 SSN: 000-00-0000 | DOB: 1/1/1970
Bank of America
P.O. Box 4568
Dallas, TX 75013

Estimado departamento legal: Re: acct #XXXXXXXX

Esta carta es en lo que respecta a una llamada telefónica que coloqué a su empresa con respecto a la cuenta mencionada anteriormente <fecha>.

Llamé a preguntar acerca de esta cuenta que aparece en mis informes de crédito. Hablé con <nombre del representante>y su número de empleado es <numero>, como proporcionado por ella. Ella me informó que su empresa no tiene ninguna información en esta cuenta que todo fue enviado a una agencia de cobro. ¿Cómo investigó esta cuenta sin documentación? Me comuniqué con la Agencia de cobro que me contó su representante y no pudieron validar la deuda. Esta agencia de cobro posteriormente eliminó toda la información sobre esta cuenta de mis informes de crédito. Si esta información incorrecta no se elimina de mis informes de crédito, voy a presentar una demanda contra su empresa.

Primer nombre
Apellido
Correo electrónico Teléfono Código postal

EN testimonio de lo cual, dicho partido ha firmado y sellado estos regalos el día y el año primero escrito. Firmado, sellado y entregado en presencia de:

{Imprima su nombre aquí} _ _ _} _ firma
ESTADO DE COUNTY OF

Por la presente Certifico que en este día antes de mí, un oficial debidamente calificado para tomar reconocimientos, apareció personalmente

{SU nombre aquí}, que ha producido la identificación y que ejecutó el instrumento anterior y él/ella reconoció ante mí que él/ella ejecutó el mismo.

TESTIGO de mi mano y el sello oficial en el condado y el estado se previó este día de _ _ -2016.

_ _ _ _ _

Nombre impreso Mi Comisión caduca:

CARTA AL DEUDOR ORIGINAL EN INGLES:

Your Name
Address
City, State, Zip
          SSN: 000-00-0000 | DOB: 1/1/1970

Bank of America
P.O. Box 4568
Dallas, TX 75013 Re: Acct #XXXXXXXX

Dear Legal Department:

This letter is in regards to a phone call I placed to your company regarding the account listed above on <Insert Date>.

I called to inquire about this account that is listed on my Credit Reports. I spoke to **<Insert Customer Service Representative named>** and her employee number is **<Insert #>,** as provided by her. She informed me that your company does not have any information on this account that it was all sent to a collection agency.

How did you investigate this account without any documentation? I contacted the collection agency your rep told me about and they could not validate the debt. This collection agency subsequently removed all information regarding this account from my credit reports. If this incorrect information is not removed from my credit reports, I will file suit against your company.

    First Name
    Last Name
    Email Phone Zip Code

    IN WITNESS WHEREOF, the said party has signed and sealed these presents the day and year first above written. Signed, sealed and delivered in the presence of:

    {PRINT YOUR NAME HERE} _____
Signature
    STATE OF
    COUNTY OF
    I HEREBY CERTIFY that on this day before me, an officer duly qualified to take acknowledgments, personally appeared { YOUR NAME HERE }, who has produced _____ as identification and who executed the foregoing instrument and he/she acknowledged before me that he/she executed the same.

    WITNESS my hand and official seal in the County and State aforesaid this _____ day of _____ 2019.

_____ Notary Public
    Printed Name
    My commission expires:

PLANILLA DE IDENTIFICACION - ENVIAR CON LA CARTA AL DEUDOR

Copia de su licencia de conducir

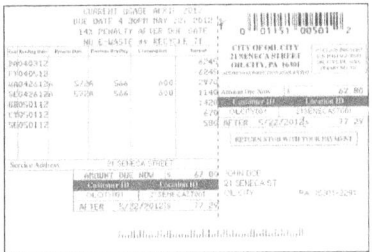

Factura de servicios con su nombre y dirección

Talón de cheque de pago de nómna con su nombre y dirección

I declare under penalty of perjury (under the laws of the United States of America) that this identification provided is me

John Doe
Signature
Date

Ahora su carta está lista para enviar. Usted enviará su carta con el rastreo de correo prioritario (PRIORITY MAIL). Esta es su prueba de que la CRA recibe su carta.

Esto es una necesidad absoluta. - ARCHIVAR TODOS LOS DOCUMENTOS.

ESPERAMOS QUE CON ESTE LIBRO HAYA ADQUIRIDO UN MEJOR CONOCIMIENTO DE COMO FUNCIONA EL SISTEMA DE CRÉDITO EN LOS USA

VISITE NUESTRA PÁGINA WEB DONDE ENCONTRARÁ HERRAMIENTAS Y SERVICIOS QUE LO AYUDARÁN A MEJORAR SU CRÉDITO.

www.credito-usa.com

www.ingramcontent.com/pod-product-compliance
Lightning Source LLC
Chambersburg PA
CBHW072136170526
45158CB00004BA/1398